AF186610

Franz Rühl

Die Quellen Plutarchs im Leben des Kimon

Franz Rühl

Die Quellen Plutarchs im Leben des Kimon

ISBN/EAN: 9783743618381

Hergestellt in Europa, USA, Kanada, Australien, Japan

Cover: Foto ©ninafisch / pixelio.de

Manufactured and distributed by brebook publishing software
(www.brebook.com)

Franz Rühl

Die Quellen Plutarchs im Leben des Kimon

DIE

QUELLEN PLUTARCHS

IM LEBEN DES KIMON.

INAUGURAL - DISSERTATION.

WELCHE MIT ZUSTIMMUNG

DER HOCHLÖBL. PHILOSOPHISCHEN FACULTÄT ZU MARBURG

ZUR ERLANGUNG DER DOCTORWÜRDE

AM 24. MAI 1867

UM 11 UHR

ICH VERTHEIDIGE

ANZ RUE

AUS HANAU.

MARBURG, 1867.

DEN HERREN

ADOLF SCHMIDT
O. Ö. PROFESSOR DER GESCHICHTE IN JENA

UND

CURT WACHSMUTH
O. Ö. PROFESSOR DER GESCHICHTE IN MARBURG

IN DANKBARER VEREHRUNG.

Die alten Historiker arbeiteten, wenigstens wenn sie Ereignisse behandelten, welche von ihrer Zeit weit ablagen, nach einer ganz andern und viel mangelhafteren Methode, als die modernen. Es waren wesentlich technische Schwierigkeiten, welche sie dazu zwangen. Waren auch die Bücher, wenigstens zur Zeit der römischen Kaiserherrschaft, weder so selten, noch so theuer, als man sich früher wohl vorzustellen pflegte, so fehlte doch eine Menge der Hülfsmittel, welche heute ihren Gebrauch erleichtern, und es würde ein fast übermenschlicher Fleiss dazu gehört haben, wenn man über jeden einzelnen Punkt alle gleichzeitigen Zeugnisse hätte zu Rathe ziehen wollen, während doch das Publicum in Bezug auf Forschung und Kritik nur sehr geringe Ansprüche machte [1]). Es bildete sich daher ganz naturgemäss das System aus, die Darstellung Eines Schriftstellers zu Grunde zu legen, sie zu modernisiren, eventuell zu übersetzen, sie zu verkürzen oder durch anderes Material zu erweitern und sie endlich hier und da kritisch zu beleuchten. Dass mit diesem Hauptführer oft gewechselt werden konnte und musste, versteht sich von selbst. Es ist wesentlich dasselbe Princip, wenn ein Autor zwei verschiedene Berichte in einander verarbeitet. Die Hauptquelle braucht nicht gerade sehr oft genannt zu werden, sie wird sogar zuweilen ganz mit Stillschweigen übergangen, da die Alten meist nur dann citiren, wenn sie etwas von der gewöhnlichen Ansicht Abweichendes berichten oder einen Autor sei es als be-

---

[1]) Vergl. das Lob, welches Catull carm. 1 dem Cornelius Nepos spendet, welches schwerlich auf blosse Schmeichelei zurückzuführen sein dürfte.

1

sondern Gewährsmann anführen, sei es wegen irgend einer Behauptung tadeln wollen[2]).

Obwohl wir nun bei dem gegenwärtigen Stand der Forschung noch nicht behaupten können, dass wir es hier mit einem für die ganze antike Historiographie gültigen Gesetze zu thun haben, so tritt das eben geschilderte Verfahren doch bei einer so grossen Reihe von Schriftstellern zu Tage, dass eine jede Quellenuntersuchung zunächst darauf hinausgehen muss, den leitenden Autor aufzufinden oder sein Nichtvorhandensein zu constatiren.

Ekker meint nun, Plutarch habe im Leben des Kimon den Thukydides zu Grunde gelegt. Er fasst seine Ansicht folgendermassen zusammen[3]): *Epitome Thucydidis ita Noster usus est, ut et rerum capita quae in illa percensebantur sequeretur et temporum quoque ordinem a Thucydide indicatum universe servaret. Nam quod ad illud attinet, duas tantum res, a solo Thucydide memoratas, praetermittens, ceteras fere omnes ab illo traditas persecutus est, sed, quod scripti propositum ratioque postulabant, multis illas aliis iisque ad Cimonem cognoscendum gravissimis aliunde ductis complevit.* Wir können dieser Argumentation nicht zustimmen. Plutarch erzählt zwar die Ereignisse wesentlich nach dem Schema des Thukydides, aber die beiden Berichte sind doch grundverschieden.

Gleich die Vorgänge, welche auf die Eroberung von Byzanz folgten, sind bei Plutarch Cim. c. 6 und Aristid. c. 23 ganz anders dargestellt, als bei Thukydides I, 95. Plutarch erzählt uns, Pausanias sei von den Bundesgenossen vertrieben worden, Thukydides dagegen, die Lakedämonier hätten ihn abberufen, erst später, als er zurückgekehrt, sei er von den Athenern verjagt (Thuk. 1, 131). Von dem Prozess und der Freisprechung des Pausanias in Sparta (Thuk. I, 128) schweigt Plutarch. Vischer[4]) vermutet, er habe den Bericht des Thukydides sorglos zusammengezogen, doch widersprechen einer solchen Annahme die von Plutarch erzählten Nebenumstände,

[2]) Cf. Nissen, die Quellen der 4. und 5. Dekade des Livius, passim, besonders p. 78 f.
[3]) Plutarchi Cimon ed. A. Ekker p. 12.
[4]) Kimon p. 44.

welche als im engsten Zusammenhange mit der Katastrophe stehend dargestellt werden. Im Folgenden bringt uns Plutarch viel Detail über Dinge, welche Thukydides mit Einem Wort abthut, übergeht aber ganz die Eroberung von Karystos und den Abfall der Naxier (Thuk. I, 98), sagt uns dagegen ausdrücklich, dass es Kimon war, welcher die unzufriedenen Bundesgenossen beruhigte und ihre Naturalleistungen in Geldbeiträge verwandelte.

Der Abfall und die Wiedereroberung von Thasos werden von Thukydides (I, 100 f.) und Plutarch (Cim. c. 14) so total verschieden erzählt, dass Letzterer offenbar gar keine Rücksicht auf den ersteren genommen haben kann. Er berichtet uns nämlich, dass sich in Thrake noch immer Perser hielten, diese und die mit ihnen verbündeten Thraker habe Kimon besiegt; dann habe er die Thasier in einem Seetreffen geschlagen, ihre Stadt durch Belagerung zur Uebergabe gezwungen, ihnen die Goldbergwerke auf dem Festland genommen und sich ihres ganzen Gebiets bemächtigt. Thukydides weiss Nichts von jenen Persern, ist aber sonst viel weitläufiger; er gibt einen Grund für den Abfall der Thasier an, Streitigkeiten über die thrakischen Emporien und Bergwerke, erzählt die Besiedelung von Ἐννέα ὁδοί und endlich, dass die Thasier die Lakedämonier zu Hülfe gerufen. Dagegen hat er nicht, wie Plutarch, bestimmte Zahlenangaben für die von den Athenern eroberten Schiffe.

Ebenso liefert uns Plutarch von dem dritten messenischen Kriege ein ganz anderes Bild, als Thukydides. Ersterer spricht von zwei Expeditionen, welche die Athener unter Kimon zur Unterstüzung der Spartaner unternommen, die erste gleich nach dem Erdbeben, die andere einige Zeit später; bei dieser letzteren seien die Athener von den Spartanern nach Hause geschickt worden. Thukydides erwähnt nur Eine Expedition und kann nur von Einer gewusst haben, da zur Zeit des Erdbebens, seiner Erzählung zufolge, Kimon noch vor Thasos commandirte und er im andern Falle auch gewiss nicht unterlassen hätte, wenn er auf die Verstimmung Athens nach der Rücksendung der Hopliten zu reden kommt, als eine Verschlimmerung dieses Gefühls hervorzuheben, dass

die Athener wenige Jahre vorher die Spartaner vom Rande
des Verderbens errettet[5]). Wahrscheinlich würde eine genaue
Beachtung oder gar ein zu Grunde Legen des Thukydides
Plutarch vor einem derartigen Fehler bewahrt haben. Doch
wollen wir die Möglichkeit nicht läugnen, dass Plutarch hier
einen, allerdings sehr flüchtigen, Blick in seinen Thukydides
gethan, indem gewisse Redewendungen Cim. c. 16 sehr an
diesen erinnern, namentlich

Plut. Cim. c. 16	Thuk. I, 102
Οἱ δὲ Λακεδαιμόνιοι τοὺς Ἀθηναίους αὖθις ἐκάλουν ἐπὶ τοὺς ἐν Ἰθώμῃ Μεσσηνίους καὶ εἵλωτας, ἐλθόντων δὲ τὴν τόλμαν καὶ τὴν λαμπρότητα δείσαντες ἀπεπέμψαντο μόνους τῶν συμμάχων ὡς νεωτεριστάς.	Οἱ γὰρ Λακεδαιμόνιοι, ἐπειδὴ τὸ χωρίον βίᾳ οὐχ ἡλίσκετο, δείσαντες τῶν Ἀθηναίων τὸ τολμηρὸν καὶ τὴν νεωτεροποιίαν, καὶ ἀλλοφύλους ἅμα ἡγησάμενοι, μή τι, ἢν παραμείνωσιν, ὑπὸ τῶν ἐν Ἰθώμῃ πεισθέντες, νεωτερίσωσι, μόνους τῶν ξυμμάχων ἀπέπεμψαν.

Thukydides scheint hier wirklich von Plutarch benutzt zu
sein und seine Darstellung diesem zu der Annahme zweier
Expeditionen Veranlassung gegeben zu haben, indem er, wahrscheinlich verleitet durch die von ihm citirte komische Ueber-
treibung des Aristophanes[6]), den Zug gleich nach dem Erdbeben ansetzte[7]).

Am Meisten weicht aber Plutarch nicht bloss von dem
Bericht, sondern auch von der Chronologie des Thukydides
ab, wenn er (Cim. c. 18. Per. c. 10) erzählt, dass die Athener aus Furcht vor den Lakedämoniern, von denen sie bei
Tanagra geschlagen worden waren, den Kimon aus der Verbannung zurückgerufen hätten, um den Frieden zu vermitteln,
was ihm denn auch sofort gelungen sei. Thukydides sagt
nicht nur Nichts hiervon, wie er ja auch die Verbannung des
Kimon nicht erwähnt, sondern die grossen Erfolge, welche er

---

[5]) Plut. Cim. c. 16. 17. Thuk. I, 101 f. Cf. Grote, History of
Greece V, p. 426.

[6]) Lysistrata 1138.

[7]) Cf. Grote a a. O. V, p. 426. Göbel, über den 3. messen. Krieg
in der Zeitschrift für östr. Gymn. 1859 p. 446 f., dessen Ausführungen
ich jedoch im Allgemeinen nicht beistimme.

so kurz nachher die Athener in Böotien erringen lässt, müssen
jeden Gedanken, als ob sie von Furcht erfüllt gewesen seien,
ausschliessen; und zudem erzählt er uns, dass der Waffenstillstand mit Sparta erst einige Jahre später zum Abschluss
gekommen ist[8]).

Wir könnten noch einige andere Abweichungen hervor-
heben und z. B. darauf aufmerksam machen, wie wenig das,
was Cim. c. 18 über den Tod des Themistokles und die letzten Thaten des Kimon berichtet wird, mit Thuk. I, 112 und
138 stimmt; doch das Gesagte wird zur Widerlegung der
Ekkerschen Meinung genügen. Wenn die beiden Autoren
in der Chronologie in den meisten Fällen übereinkommen,
so hat das gar nichts Auffälliges; denn gemeiniglich werden
Historiker, so sehr sie auch sonst von einander abweichen
mögen, in diesem Punkte der Hauptsache nach derselben Ansicht sein.

Eine solche Vernachlässigung des Thukydides, wie wir
sie eben nachgewiesen haben, ist bei einem alten Historiker
nicht eben besonders merkwürdig. Wenn moderne Schriftsteller die Ereignisse der sogenannten Pentekontaetie hauptsächlich nach Thukydides erzählen und zuweilen sogar seinem
Schweigen mehr Gewicht beilegen, als dem ausdrücklichen
Zeugnisse Anderer, so rechtfertigt der klägliche Zustand, in
dem die alte Literatur uns überliefert worden ist, bis zu einem
gewissen Grade ein solches Verfahren, für einen antiken
Historiker aber lag die Sache anders. In dem kurzen Abriss, den Thukydides von jener seinem eigentlichen Stoff fremden Periode gibt, übergeht er manchen sehr wichtigen Vor-
gang, während dem Alterthum für die Kenntniss jener Zeit
nicht wenige Quellen zu Gebote standen, welche für uns ver-
siegt sind. Insbesondere aber zu einem Lebensbilde Kimons
boten Plutarch andere Schriftsteller viel reichere und glän-
zendere Farben, da Thukydides die Thaten dieses seines nahen
Verwandten merkwürdigerweise äusserst kurz behandelt, ja
uns nicht einmal, wie doch sonst seine Gewohnheit ist, eine
Charakteristik desselben geliefert hat, so tief er auch in die

---

[8]) Thuk. I, 108. 112.

griechische Geschichte eingreift und eine so wichtige Rolle
er auch iu den Beziehungen zwischen Athen und Sparta spielt.
Die Hauptschriftsteller über Kimon waren Ephoros und
Theopompos Ephoros genoss im Alterthum eines grossen
und wohlbegründeten Anschns, wie das Lob des Polybios[9])
hinlänglich beweist, und auch Plutarch schätzte ihn sehr hoch;
er hat ihn sehr häufig benutzt und stellte ihn auf Eine Linie
mit Thukydides und Aristoteles[10]). Da er ihn auch im Kimon
zwei Mal citirt, so liesse sich auf den ersten Anschein vermuthen, dass er seiner Darstellung öfter zu Grunde liege,
eine Ansicht, zu der auch Grote[11]) zu neigen scheint. Indess
hat dies schon Lukas[12]) für unwahrscheinlich erklärt, da Plutarch bedeutend von Diodor abweiche, für den Ephoros eine
Hauptquelle war. Diese letztere Behauptung stammt von
Heyne[13]), und wenn wir auch im Allgemeinen ihre Richtigkeit
zugeben müssen, so ist doch Ephoros für den vorliegenden
Zeitraum keinesfalls die einzige Quelle des Diodor gewesen
und am Wenigsten dürfen wir alle Irrthümer desselben auf
seine Rechnung schreiben, wie schon längst von Dahlmann[14])
bemerkt worden ist. Eigentlich müsste daher bei jeder einzelnen von Diodor erzählten Thatsache erst die Quelle eruirt
werden, ehe man seine Nachrichten mit denen des Plutarch
vergleicht. Da dies aber zur Zeit unmöglich erscheint, so
darf man bei der bekannten Vorliebe des Diodor für Ephoros
vielleicht wagen, anzunehmen, dass wenn sich an mehreren
Stellen eine Benutzung des Ephoros nachweisen lässt, auch
die andern Nachrichten über denselben Zeitabschnitt aus diesem geflossen seien, solange nicht ganz bestimmte Gründe
dem entgegenstehen.

---

[9]) Polyb. V, 33.

[10]) $\tilde{\eta}\nu$ $o\ddot{v}\tau\epsilon$ $\Theta o\nu\varkappa\nu\delta\acute{\iota}\delta\eta\varsigma$ $\acute{\iota}\sigma\tau\acute{o}\varrho\eta\varkappa\epsilon\nu$ $o\ddot{v}\tau'$ $"E\varphi o\varrho o\varsigma$ $o\ddot{v}\tau'$ $'A\varrho\iota\sigma\tauo\tau\acute{\epsilon}\lambda\eta\varsigma$.
Plut. Per. c. 28. Cf. C. F. Hermann, De fontibus Plutarchi in vita
Periclis p. VI.

[11]) Grote a. a. O. V, p. 414.

[12]) Versuch einer Charakteristik Kimons p. 10.

[13]) De fontibus Diodori. Wiederabgedruckt im 5. Bande des Din-
dorfschen Diodor. Für unsern Zweck besonders p. CX ff.

[14]) Forschungen auf dem Gebiet der Geschichte I, p. 77 f.

Eine nähere Untersuchung ergibt nun in der That, dass
Ephoros nicht die Hauptquelle des Plutarch sein kann.
Diodors Bericht über die letzten Schicksale des Miltiades
und die sich daran knüpfenden des Kimon stammt offenbar
aus Ephoros. Es heisst nämlich Exc. de virt. et vit. II p. 559
Wess.: ῞Οτι τοῦ Μιλτιάδου υἱὸς ὁ Κίμων, τελευτήσαντος τοῦ
πατρὸς αὐτοῦ ἐν τῇ δημοσίᾳ φυλακῇ ἀλλὰ μὴ ἰσχύσας ἐκτῖσαι τὸ
ὄφλημα, ἵνα λάβῃ τὸ σῶμα τοῦ πατρὸς εἰς ταφὴν, ἑαυτὸν εἰς τὴν
φυλακὴν παρέδωκε, καὶ διεδέξατο τὸ ἔφλημα und ferner Exc.
Vat. p. 42 Dind.: ῞Οτι Θεμιστοκλῆς ὁ τοῦ Νεοκλέους, προσελ-
θόντος τινὸς αὐτῷ πλουσίου καὶ ζητοῦντος κηδεστὴν εὑρεῖν
πλούσιον. παρεκελεύσατο αὐτῷ ζητεῖν μὴ χρήματα ἀνδρὸς δεόμενα,
πολὺ δὲ μᾶλλον ἄνδρα χρημάτων ἐνδεᾶ. ἀποδεξαμένου δὲ τἀν-
θρώπου τὸ ῥηθὲν συνεβούλευσεν αὐτῷ συνοικίσαι τὴν θυγατέρα
τῷ Κίμωνι. διόπερ ἐκ ταύτης τῆς αἰτίας ὁ Κίμων εὐπορήσας
χρημάτων ἀπελύθη τῆς φυλακῆς, καὶ τοὺς κατακλείσαντας ἄρχον-
τας εὐθύνας καταδίκους ἔλαβεν.
Damit stimmt das von Müller, Fragment. hist. Gracc. IV,
p. 642 Spalte 1, Alinea 8 beigebrachte Fragment des Ephoros
(Schol. in Aristid. p. 515): ῎Εφορος δὲ ἐν τῇ πρώτῃ (oder vielmehr, wie Müller richtig conjicirt ἐνδεκάτῃ) φησὶν ἐκτῖσαι
αὐτὸν (sc. Κίμωνα) τὰ πεντήκοντα τάλαντα γήμαντα γυναῖκα
πλουσίαν.
Gleich hier weicht Plutarch bedeutend ab. Eine Ein-
kerkerung des Kimon ist ihm ganz unbekannt; das Geld zur
Bezahlung der Strafe aber erhielt nach seiner Angabe Kimon
nicht durch eine reiche Heirath, sondern dadurch, dass er
seine Schwester Elpinike an Kallias abtrat und dieser seine
Verbindlichkeiten gegen den Staat übernahm (Plut. Cim. 4).
Auch die Schlacht am Eurymedon hat Diodor XI, 60
nach Ephoros erzählt. Wie wir aus Plut. Cim. c. 12 ersehen,
nennt dieser, abweichend von Kallisthenes, den persischen
Admiral Tithraustes, und gibt ihm, im Gegensatz wieder zu
Phanodemos, 350 Schiffe. In Bezug auf jenen Namen nun
stimmt Diodor mit Ephoros, seine Zahlenangabe aber weicht
um 10 ab (er hat 340). Das fällt schon an und für sich
nicht schwer ins Gewicht, da Verschreibungen von Zahlen
ungemein häufig vorkommen, und unsere Codices für diesen

Theil des Diodor derselben Familie angehören und sich durch Schlechtigkeit auszeichnen[15]). Zudem aber lässt sich der Text durch eine sehr einfache Conjectur emendiren. Man liest Diod. XI, 60 Zeile 88. 89 Dind.: ἐναυμάχησε διακοσίαις καὶ πεντήκοντα ναυσὶ πρὸς τριακοσίας καὶ τετταράκοντα. Sehr leicht konnten diese Zahlen unter einander zu stehen kommen und ein nachlässiger Schreiber aus einer Linie in die andere gerathen. Würde man einfach umstellen und lesen: ἐναυμάχησε διακοσίαις καὶ τετταράκοντα ναυσὶ πρὸς τριακοσίας καὶ πεντήκοντα, so wäre die Uebereinstimmung mit Ephoros hergestellt. Die veränderte Zahlenangabe für die griechischen Schiffe macht keine Schwierigkeiten, denn ihre Anzahl ist uns nirgend anders genau überliefert; Plutarch gibt zwar an, dass die hellenische Flotte beim Auslaufen 200 Trieren stark war, sagt aber nicht, wie hoch sich die Verstärkungen beliefen, welche Kimon in Kleinasien an sich gezogen hatte. Jedenfalls, wie es damit auch stehe, dürften wir berechtigt sein, hier den Ephoros im Diodor zu suchen, ohne dass wir ihm jedoch alle Widersprüche, an welchen dessen Darstellung der grossen Doppelschlacht leidet, zu imputiren brauchten.

Plutarch (Cim. c. 12) citirt, wie wir schon erwähnt haben, den Ephoros zwei Mal für diese Kämpfe, aber bloss für Nebenpunkte, und sein Bericht weicht im Uebrigen von dem des Diodor bedeutend ab. Diodor gibt die Zahl der attischen Schiffe auf 200, die der ionischen auf 100 an, Plutarch weiss nur von 200 Schiffen im Ganzen. Wenn nachher Diodor doch bloss 250 oder 240 Schiffe in den Kampf ziehen lässt, so kann man das allenfalls durch Detachirungen und dergl. erklären. Diodor weiss Nichts von den Ereignissen um Phaselis, doch könnte Ephoros möglicherweise ihrer gedacht haben, da Diodor derartige Vorgänge im Allgemeinen erwähnt. Endlich ist der Landkampf bei Diodor (XI, 61) ganz anders erzählt, als bei Plutarch (Cim. c. 13), und Diodor erwähnt der 80 phönikischen Schiffe, welche bei Plutarch eine so grosse Rolle spielen, ganz und gar nicht. Demnach scheint

---

[15]) Cf. Dindorfs Praefatio zu Diodor. Vol. I, Pars. II, p. III.

es, dass auch hier Ephoros von Plutarch nur in sehr untergeordneter Weise benutzt worden ist.

Gehen wir zu den Ereignissen über, von welchen wir nur vermuthen können, dass Diodor den Ephoros zu Grunde gelegt, so hat Plutarch die Eroberung von Eïon wohl kaum nach diesem erzählt, da Diodor über das Ereigniss nicht ausführlicher ist, als Thukydides, und noch viel weniger die Eroberung von Skyros, indem Diodor (XI, 60) die Insel von Pelasgern und Dolopern bewohnt sein lässt, Plutarch (Cim. c. 8.), wie Thukydides, bloss von Dolopern.

Dagegen scheint Ephoros von Plutarch für die Schilderung des dritten messenischen Krieges benutzt worden zu sein. Denn obwohl Diodor Nichts von zwei Expeditionen der Athener nach Messenien weiss, so hat doch seine Beschreibung des Erdbebens und des Beginns der Helotenempörung eine frappante Aehnlichkeit mit der des Plutarch, wie eine Nebeneinanderstellung erweisen wird.

Diod. XI, 63. 64.

Τῆς μὲν γὰρ πόλεως συνεχομένης ὑπὸ τοῦ σεισμοῦ δεινότητος. πρῶτος Σπαρτιατῶν ἐκ τῆς πόλεως ἁρπάσας τὴν πανοπλίαν, ἐπὶ τὴν χώραν ἐπήδησε, καὶ τοῖς ἄλλοις πολίταις αὐτὸ πράττειν παρήγγειλεν. ὑπακουσάντων δὲ τῶν Σπαρτιατῶν τοῦτον τὸν τρόπον οἱ περιλειφθέντες ἐσώθησαν, οὓς συντάξας ὁ βασιλεὺς Ἀρχίδαμος παρεσκευάζετο πολεμεῖν τοῖς ἀφεστηκόσιν. οἱ δὲ Μεσσήνιοι μετὰ τῶν εἱλώτων συνταχθέντες τὸ μὲν πρῶτον ὥρμησαν ἐπὶ τὴν Σπάρτην, ὑπολαμβάνοντες αὐτὴν αἱρήσειν διὰ τὴν ἐρημίαν τῶν βοηθούντων. ὡς δ' ἤκουσαν τοὺς ὑπολελειμμένους μετὰ Ἀρχιδάμου τοῦ βασιλέως συντεταγμένους ἑτοίμους εἶναι πρὸς τὸν ὑπὲρ τῆς πατρίδος ἀγῶνα, ταύτης μὲν ἐπιβολῆς ἀπέστησαν, καταλαβόμενοι δὲ τῆς Μεσσηνίας

Plut. Cim. c. 16.

Ταχὺ δὴ συνιδὼν ἀπὸ τοῦ παρόντος τὸν μέλλοντα κίνδυνον ὁ Ἀρχίδαμος. καὶ τοὺς πολίτας ὁρῶν ἐκ τῶν οἰκιῶν τὰ τιμιώτατα πειρωμένους σώζειν, ἐκέλευσε τῇ σάλπιγγι σημαίνειν, ὡς πολεμίων ἐπιόντων, ὅπως ὅτι τάχιστα μετὰ τῶν ὅπλων ἀθροίζωνται πρὸς αὐτόν. ὃ δὴ καὶ μόνον ἐν τῷ τότε καιρῷ τὴν Σπάρτην διέσωσεν. οἱ γὰρ εἵλωτες ἐκ τῶν ἀγρῶν συνέδραμον πανταχόθεν ὡς ἀναρπασόμενοι τοὺς σεσωσμένους τῶν Σπαρτιατῶν. ὡπλισμένους δὲ καὶ συντεταγμένους εὑρόντες ἀνεχώρησαν ἐπὶ τὰς πό-

χωρίον ὀχυρὸν, ἐκ τούτου τὴν ὁρμὴν | *λεις καὶ φανερῶς ἐπολέμουν*
ποιούμενοι, κατέτρεχον τὴν Λακωνικήν. | *κ. τ. λ.*

Im Folgenden treten dann wieder Abweichungen hervor. So sagt zwar auch Diodor (XI, 86), dass Kimon den fünfjährigen Waffenstillstand zwischen Athen und Lakedämon vermittelt habe, er weiss aber Nichts davon, dass Kimon desshalb, wie Plutarch will, von seinen Mitbürgern aus der Verbannung zurückgerufen worden sei.

Der Bericht endlich über die letzten Thaten des Kimon und seinen Tod bei Plutarch (Cim. 18. 19) weicht beträchtlich von der Schilderung des Diodor (XII, 3. 4) ab und ebenso verhält es sich mit dem sogenannten kimonischen Frieden, wo Diodor doch jedenfalls dem Ephoros gefolgt ist. Plutarch nämlich lässt ihn (Cim. c. 13) nach der Schlacht am Eurymedon abschliessen, Diodor (XII, 4) nach den Kämpfen Kimons gegen Aegypten und Kypros, und es ist kaum anzunehmen, dass Diodor so gewaltig von Ephoros abgewichen sein sollte, ohne eine Bemerkung darüber zu machen. Dann aber gibt uns Diodor auch sehr interessante Einzelheiten, welche Plutarch vortrefflich gepasst hätten und kaum von ihm übergangen worden wären, und endlich weichen die beiden Schriftsteller in den Friedensbedingungen von einander ab, indem sie die Grenzen der persischen Machtsphäre anders bestimmen, wenn auch ein wesentlicher Unterschied nicht vorhanden ist. Es heisst nämlich bei Diodor: *αὐτονόμους εἶναι τὰς κατὰ τὴν Ἀσίαν Ἑλληνίδας πόλεις ἁπάσας, τοὺς δὲ τῶν Περσῶν σατράπας μὴ καταβαίνειν ἐπὶ θάλατταν κατωτέρω τριῶν ἡμερῶν ὁδὸν, μηδὲ ναῦν μακρὰν πλεῖν ἐντὸς Φασήλιδος καὶ Κυανέων* und bei Plutarch: *ἵππου μὲν δρόμον ἀεὶ τῆς Ἑλληνικῆς ἀπέχειν θαλάσσης, ἔνδον δὲ Κυανέων καὶ Χελιδονίων μακρᾷ νηΐ καὶ χαλκεμβόλῳ μὴ πλέειν.*

Alles in Allem genommen, ergibt sich also, dass auch Ephoros nur an wenigen Stellen von Plutarch benutzt worden ist; um so interessanter wird die Frage, wie sich dieser zu Theopompos verhalte. Obwohl Theopomp in seinen Philippika eigentlich nur die Thaten König Philipps erzählen wollte, so hat er doch in grossen Episoden fast die ganze frühere griechische Geschichte mitbehandelt. Man bekommt einen

Begriff von dem Umfang dieser Einschiebsel, wenn man be
denkt, dass, als Philipp III sich eine Ausgabe des Theopomp
anfertigen liess, worin dieselben weggelassen waren, der Umfang des Werks sich von 58 auf 16 Bücher reducirte[16]). Insbesondere enthielt das 10. Buch eine Geschichte der athenischen Staatsmänner, wesshalb es auch geradezu als περὶ δη-
μαγωγῶν citirt wird[17]). Dass Plutarch den Theopomp in
andern Biographien häufig und gerade auch über diesen Zeitabschnitt benutzt hat, ist bekannt genug[18]); wenn er ihn im
Leben des Kimon nicht angeführt hat, so schliesst dies bei
der Citirmethode der Alten sogar ein sehr häufiges Zugrunde-
legen seiner Nachrichten nicht aus.

In der That hat schon Lukas[19]) gezeigt, dass zwei Fragmente des Theopomp mit Plutarch übereinstimmen, nämlich
Frag. 94 Müll. bei Athen. XII, p. 533ᵃ mit Plut. Cim. c. 10,
wo von der Freigebigkeit des Kimon die Rede ist und im
Gegensatz zu Aristoteles erzählt wird, dass er alle Bürger,
die sich dazu einfanden, bewirthet habe, und Frag. 92 Müll.
in Schol. Aristid. p. 254 mit Plut. Cim. c. 17. 18, wo es
heisst, dass das Volk von Athen den Kimon zurückgerufen
habe, um den Frieden mit Lakedämon zu vermitteln, eine
Nachricht, die, wie wir gesehen haben, sich weder bei Thukydides noch bei Ephoros findet. Da jedoch in Bezug auf
den ersten Punkt von Ekker[20]) einige Zweifel angeregt sind,
ob hier wirklich Theopomp dem Plutarch zu Grunde liege,
so dürfte es zweckmässig sein, die beiden Berichte neben einander zu stellen.

Theopomp. fr. 44.	Plut. Cim. c. 10.
Κίμων ὁ Ἀθηναῖος ἐν τοῖς ἀγροῖς	Τῶν τε γὰρ ἀγρῶν τοὺς
καὶ τοῖς κήποις οὐδένα τοῦ καρποῦ	φραγμοὺς ἀφεῖλεν, ἵνα καὶ
καθίστα φύλακα, ὅπως οἱ βουλόμενοι	τοῖς ξένοις καὶ τῶν πολιτῶν
τῶν πολιτῶν εἰσιόντες ὀπωρίζωνται	τοῖς δεομένοις ἀδεῶς ὑπάρχῃ
καὶ λαμβάνωσιν εἴ τινος δέοιντο τῶν	λαμβάνειν τῆς ὀπώρας, καὶ

---

[16]) Photios Cod. 176.

[17]) Theop. fr. 102 Müll.

[18]) Siehe in der letztern Beziehung u. a. Plut. Them. c. 9. 25. 31.

[19]) A. a. O. p. 10 f cf. V. Rose, Aristoteles pseudepigraphus p. 422.

[20]) Plut. Cim. ed. Ekker p. 26 f.

ἐν τοῖς χωρίοις. ἔπειτα τὴν οἰκίαν
παρεῖχε κοινὴν ἅπασι· καὶ δεῖπνον
ἀεὶ εὐτελὲς παρασκευάζεσθαι πολλοῖς
ἀνθρώποις, καὶ τοὺς ἀπόρους προσιόν-
τας τῶν Ἀθηναίων [εἰσιόντας] δει-
πνεῖν. ἐθεράπευε δὲ καὶ τοὺς καθ᾽
ἑκάστην ἡμέραν αὐτοῦ τι δεομένους·
καὶ λέγουσιν ὡς περιήγετο μὲν ἀεὶ
νεανίσκους δύ᾽ ἢ τρεῖς, ἔχοντας
κέρματα, τούτοις δὲ διδόναι προσέ-
ταττεν, ὁπότε τις προσέλθοι αὐτοῦ
δεόμενος. καί φασι μὲν αὐτὸν καὶ
εἰς ταφὴν εἰσφέρειν· ποιεῖν δὲ καὶ
τοῦτο πολλάκις, ὁπότε τῶν πολιτῶν
τινα ἴδοι κακῶς ἠμφιεσμένον, κε-
λεύειν αὐτῷ μεταμφιέννυσθαι τῶν
νεανίσκων τινὰ τῶν συνακολουθούν-
των αὐτῷ. ἐκ δὴ τούτων ἁπάντων
ηὐδοκίμει καὶ πρῶτος ἦν τῶν πολιτῶν.

δεῖπνον οἴκοι παρ᾽ αὐτῷ
λιτὸν μὲν, ἀρκοῦν δὲ πολλοῖς,
ἐποιεῖτο καθ᾽ ἡμέραν, ἐφ᾽ ὃ
τῶν πενήτων ὁ βουλόμενος
εἰσήει καὶ διατροφὴν εἶχεν
ἀπράγμονα, μόνοις τοῖς δη-
μοσίοις σχολάζων .... αὐτῷ
δὲ νεανίσκοι παρείποντο
συνήθεις ἀμπεχόμενοι κα-
λῶς, ὧν ἕκαστος, εἴ τις συν-
τύχοι τῷ Κίμωνι τῶν ἀστῶν
πρεσβύτερος ἠμφιεσμένος
ἐνδεῶς, διημείβετο πρὸς
αὐτὸν τὰ ἱμάτια· καὶ τὸ γινό-
μενον ἐφαίνετο σεμνόν. οἱ
δ᾽ αὐτοὶ καὶ νόμισμα κομί-
ζοντες ἄφθονον παριστάμε-
νοι τοῖς κομψοῖς τῶν πενήτων
ἐν ἀγορᾷ σιωπῇ τῶν κερμα-
τίων ἐνέβαλλον εἰς τὰς χεῖρας.

Es ist richtig, dass sich hier bei Plutarch einige Abweichungen von Theopomp zeigen. Er spricht nicht von einem
Wächter, den Kimon einzog, sondern von Zäunen, die er um-
reissen liess und zwar nicht bloss, wie es bei Theopomp heisst,
zu Gunsten der Bürger, sondern auch der Fremden. Er erzählt zwar auch, dass Kimon täglich offene Tafel hielt, fügt
aber hinzu, dies sei geschehen, damit die ärmeren Bürger sich
ganz den Staatsgeschäften hingeben könnten. Endlich lässt
er nicht Jedem, der darum bittet, sondern bloss den verschäm-
ten Armen (τοῖς κομψοῖς τῶν πενήτων) eine Gabe reichen.
Indess sind diese Abweichungen äusserst unbedeutend und
kommen gar nicht in Betracht, da ohne Zweifel auch Athenäos die Worte des Theopomp etwas umgemodelt und möglicherweise verkürzt hat. Zudem scheint Plutarch auf strenge
Genauigkeit überhaupt wenig gegeben zu haben und keinesfalls schrieb er seine Quellen wörtlich aus. Ein naheliegen-
des Beispiel dafür bietet die Geschichte der Kleonike (Cim.
c. 6). Plutarch erzählt sie noch einmal *De sera numinis vin-*

dicta p. 40 f. Wytt., aber mit ganz andern Worten, und sogar die Rede, welche das Gespenst der Gemordeten an Pausanias richtet, welche ein Romantiker von seinem Schlage gewiss möglichst treu wiedergab, heisst Cim. c. 6

στεῖχε δίκης ἆσσον· μάλα τοι κακὸν ἀνδράσιν ὕβρις

De ser. num. vind. p. 40 aber βαῖνε δίκης κ. τ. λ.

Von andern Schriftstellern über Kimon hat insbesondere Cornelius Nepos aus Theopomp geschöpft. Die beiden Fragmente, von denen wir eben geredet, finden sich genau wiedergegeben Nep. Cim. 3 und 4. Nepos pflegt nun in seinen Biographien einem oder höchstens zwei Autoren zu folgen und sie auf die unzuverlässigste und trockenste Weise abzukürzen, wie z. B. gerade den Theopomp im Leben des Chabrias. Wo also das Gegentheil nicht nachzuweisen ist, können wir annehmen, dass er in der *vita Cimonis* dem Theopomp gefolgt ist. Denn Ephoros ist höchstens an Einer, später zu behandelnden, Stelle benutzt, und ebensowenig hat er Thukydides zu Grunde gelegt. Dahin weist schon die Verschiedenheit der Zeitrechnung, obwohl darauf kein Gewicht zu legen ist; das zeigt der Umstand, dass Nepos den dritten messenischen Krieg nicht erzählt, der ihm doch die Ursache der *invidia* gezeigt hätte, welche Kimon betraf; das wird dadurch vollständig bewiesen, dass er über die Schlacht am Eurymedon weitläuftiger ist, als Thukydides selbst. Dazu kommt noch, dass sich c. 1 Spuren der beschönigenden Thätigkeit des Theopomp finden, welcher den Haupthelden und glänzendsten Repräsentanten seiner Partei offenbar, wie die Fragmente zeigen, verherrlichen und gegen Verunglimpfungen in Schutz nehmen wollte[21]). Dass Theopomp nicht Mit-

---

[21]) Cf. Rose a. a. O. p. 422. Nepos ed. Nipperdey ed. maior p. XXXI. F. A. Wolf zur Leptinea p. 292. Hisely, De fontibus Cornelii Nepotis p. 33 ff. will Nepos im Cimon Herodot, Thukydides, Theopomp und sogar Stesimbrotos zu Quellen geben, allein seine Argumentation ist total verunglückt. Vgl. noch Nipperdey a. a. O. p. XXVIII. Hisely überschätzt das Werk des Nepos im höchsten Grade und sucht ihm infolge dessen überall zu viel Quellenstudium zu vindiciren; seine Arbeit ist daher völlig unbrauchbar. Die Schrift von Wichers über denselben Gegenstand habe ich mir nicht verschaffen können; soweit ich nach zerstreuten Citaten zu urtheilen vermag, scheint ihr Ver-

schuldiger an den unzähligen Fehlern des Nepos sein kann,
versteht sich von selbst.

Eine Vergleichung von Nepos und Plutarch ergibt nun
eine wunderbare Uebereinstimmung.

Wenn Plutarch Cim. c. 5 ausführt, wie sehr das verstän-
dige und patriotische Benehmen des jungen Kimon dazu bei-
getragen habe, die Bürger für den Kriegsplan des Themistokles zu gewinnen, so gibt uns auch Nepos (Cim. II, 1) davon
eine Andeutung, wenn er von dem Jüngling sagt: *Itaque hic
et populum urbanum in sua tenuit potestate et apud exercitum
plurimum valuit auctoritate.* Kimons Verhalten dem Verräther
Pausanias gegenüber (Plut. Cim. c. 6) wird bei Nepos nicht
erwähnt und war vermuthlich auch von Theopomp, wenigstens an dieser Stelle, nicht erzählt. Möglicherweise hatte er
im 8. Buche davon geredet, wo er (Frag. 65 Müll.) allerlei
von Byzanz und den Byzantinern erzählt, Plutarch benutzte
jedoch jedenfalls eine andere Quelle, die wir weiter unten
nachweisen werden. Die Eroberung von Eïon dagegen und
die Kämpfe am Strymon hat Plutarch wohl sicher nach
Theopomp berichtet, denn obwohl Nepos die Vertreibung
der Perser übergangen hat, was seiner Flüchtigkeit zur
Last zu legen ist, hat er die Kämpfe mit den Thrakern erzählt wie Plutarch, der seinerseits wieder die Gründung
von Amphipolis mit ein paar Worten abmacht. Es heisst
nämlich

Nep. Cim. II, 2.	Plut. Cim. c. 7.
Primum imperator apud flumen	"Ἔπειτα τοὺς ὑπὲρ Στρυμόνα Θρᾶ-
Strymona magnas copias Thre-	κας, ὅθεν αὐτοῖς (den Belager-
cum fugavit, oppidum Amphi-	ten) ἐφοίτα σῖτος, ἀναστάτους
polin constituit eoque decem	ποιῶν κ. τ. λ. . . . . τὴν δὲ χώραν
milia Atheniensium in coloniam	εὐφυεστάτην οὖσαν καὶ καλλίστην
misit.	οἰκῆσαι παρέδωκε τοῖς Ἀθηναίοις.

Der Bericht ferner über die Eroberung von Skyros (Plut.

---

fasser wesentlich auf dem Standpunkt von Hisely zu stehen. Rinck
in seinen Prolegomena ad Aemilium Probum vor der Ausgabe von
C. L. Roth hält, wie es scheint, ebenfalls den Theopomp für die
Hauptquelle im Cimon des Nepos. Gegen Ephoros spricht vor Allem
die Nichterwähnung des kimonischen Friedens.

Cim. c. 8) ist entschieden aus Theopomp geschöpft, da, wie wir oben nachgewiesen, hier weder Ephoros noch Thukydides von Plutarch benutzt wurden, und dieser ganz auffallend mit Nepos stimmt. Auch dieser gibt der Insel bloss Doloper, nicht auch Pelasger zu Bewohnern, und wenn Plutarch erzählt, dass der Grund zu dem Kriege die Seeräuberei der Skyrier und speciell die Beraubung und Gefangennahme thessalischer Kaufleute gewesen sei, so drückt das Nepos, allerdings ganz kurz, aus mit den Worten *quod contumacius se gesserant*. Die Quelle der Erzählung von der Auffindung der Gebeine des Theseus und ihrer Ueberführung nach Athen dürfte dagegen anderswo als in Theopomp zu suchen sein, da sich dieser schwerlich mit solchen Geschichten in einer Episode behing und uns in diesem Falle auch Nepos wahrscheinlich eine Andeutung gegeben hätte.

Wir haben früher gesehen, dass Thukydides den Namen desjenigen nicht erwähnt, welcher die Contingente der atheuischen Bundesgenossen an Schiffen und Mannschaft in Geldbeiträge verwandelte und so die Kriegsunlustigen zufriedenstellte, während Plutarch (Cim. c. 11) als solchen den Kimon bezeichnet. Ausgezeichnet stimmt damit der Satz bei Nepos (Cim. II, 4): *quod iam nonnullae insulae propter acerbitatem imperii defecerant, bene animatas confirmavit, alienatas ad officium redire coëgit*, obwohl Nepos nicht angibt, durch welche Massregeln dieser Erfolg erreicht wurde. Es erklärt sich der letztere Umstand ganz von selbst aus dem Leitfadenartigen der Biographien des Nepos und seiner liederlichen Art zu arbeiten überhaupt. Demnach wäre auch hier Theopomp die Quelle für Plutarch.

Dagegen erscheint es auf den ersten Blick zweifelhaft, dass Plutarch den Theopomp für die Schlacht am Eurymedon (Cim. c. 12. 13) benutzt habe, da er hier drei andere Schriftsteller, Ephoros, Phanodemos und Kallisthenes anführt. Indess, es scheint auch nur so, denn einmal citirt er jene Historiker nur für Nebenumstände, dann hat er, wie wir gesehen haben, Ephoros im Wesentlichen nicht benutzt und endlich gibt es einige positive Gründe dafür, dass Theopomp auch hier die Grundlage der Erzählung abgegeben habe.

Dass unter der Schlacht von Mykale bei Nepos Cim. II, 2. 3
die am Eurymedon zu verstehen sei, dürfte wohl von Niemand bezweifelt werden. Nepos dachte eben daran, dass die
Perser auch bei Mykale und Plataeae an demselben Tage
zur See und zu Lande besiegt wurden, und verwechselte dann
beide Schlachten [22]). Nun berichten einzig Nepos und Plutarch, dass die Griechen 200 feindliche Schiffe eroberten, und
wenn Nepos die Perserflotte überhaupt nur 200 Segel stark
sein lässt, so liegt entweder eine Verwechselung mit der Anzahl der griechischen Schiffe vor, wie sie bei Plut. Cim. c. 12
angegeben wird, eine Confusion, die man Nepos schon zutrauen
kann, oder Theopomp hatte gar keine bestimmte Angabe
darüber, wie stark die persische Flotte bei Ausbruch des
Kampfes gewesen war. Das Letztere erscheint mir als um
so wahrscheinlicher, weil Plutarch verschiedene Zahlenangaben
hat und offenbar in der Quelle, welcher er im Allgemeinen
folgte, Nichts darüber gefunden hat, indem er sonst schwerlich Schriftsteller benutzt hätte, die er entschieden nicht zu
Grunde gelegt hat, wie Kallisthenes und Phanodemos. Ferner erzählt Nepos den Landkampf geradeso wie Plutarch und
die Stelle Nep. Cim. II, 2 *Cypriorum et Phoeniciorum du-
centarum navium classem devictam cepit* weist wohl auf jene
80 phönikischen Schiffe hin, deren erwartete Ankunft nach
Plut. Cim. c. 12 Kimon zum alsbaldigen Beginn der Seë-
schlacht bestimmte und deren Diodor nicht erwähnt. — Was
endlich Plutarch (Cim. 12) von Phaselis erzählt, dürfte um
so mehr aus Theopomp geschöpft sein, als dieser selbst ein
Chier war und die Chier bei diesen Vorgängen eine sehr
rühmliche Rolle spielen.   -

Wie kommt es nun aber, dass Plutarch (Cim. c. 13) den
kimonischen Frieden berichtet, ohne zu erwähnen, dass Theopomp denselben für untergeschoben erklärt hat, während er
doch des Widerspruchs des Kallisthenes gedenkt? Es heisst
nämlich Theopomp. fr. 167 Müll. bei Theon Prog. c. 2,
p. 17 f.: Παρὰ δὲ Θεοπόμπου ἐκ τῆς πέμπτης καὶ εἰκοστῆς τῶν
Φιλιππικῶν [ἔστι λαβεῖν] ὅτι . . . καταψεύδεται . . . καὶ αἱ πρὸς

---

[22]) Cf. Rinck, Prolegomena ad Aemilium Probum p. LXXXVI.

βασιλέα Δαρεῖον 'Αθηναίων καὶ πρὸς "Ελληνας (oder, wie Müller
wohl richtig vermuthet, καὶ τῶν Ἑλλήνων) συνϑῆκαι. ἔτι δὲ καὶ
τὴν ἐν Μαραϑῶνι μάχην, οὐχ ἅμα πάντες ὑμνοῦσι γεγενημένην,
καὶ ὅσα ἄλλα, φησίν, ἡ 'Αθηναίων πόλις ἀλαζονεύεται καὶ παρα-
κρούεται τοὺς "Ελληνας. Ferner fr. 168 bei Harpokration s. v.
'Αττικοῖς γράμμασι: Θεόπομπος δ' ἐν τῇ εἰκοστῇ πέμπτῃ τῶν
Φιλιππικῶν ἐσκευωρῆσϑαι λέγει τὰς πρὸς τὸν βάρβαρον συνϑήκας, ἃς οὐκ 'Αττικοῖς γράμμασιν ἐστηλιτεῦσϑαι ἀλλὰ τοῖς τῶν
Ἰώνων. Ohne Zweifel müssen wir unter τὰς πρὸς τὸν βάρβαρον συνϑήκας bei Harpokration den berühmten Frieden, τὴν
περιβόητον εἰρήνην [23]) verstehen, und die Angabe des Theon
hat in Bezug auf den Namen des Perserkönigs gewiss keine
Autorität, kann er ja doch sehr leicht bloss von dem Sophisten
zugesetzt sein. Mochten die Athener immerhin mit Dareios
einen Vertrag abgeschlossen haben, gewiss war er kein so
glänzendes Ereigniss in ihrer Geschichte, dass er mit der
Schlacht von Marathon zusammengestellt werden konnte [24]).

Die merkwürdige Erscheinung nun, dass hier Plutarch
des Theopomp nicht erwähnt, hat schon K. W. Krüger zu
erklären versucht [25]). Er meint: „ein Schriftsteller, der sein
Gedächtniss so sehr überhäuft hat, wie Plutarchos, vergisst
nur zu leicht Einzelnes nicht bloss, was er bei Andern gelesen, sondern gelegentlich wohl gar, was er selbst geschrieben
hat." So sehr man das zugeben muss, so reicht es doch hier,
wo es sich um ein Ereigniss von der Wichtigkeit des sogenannten kimonischen Friedens handelt, nicht völlig aus. Eine
andere Erklärung scheint mir vorzuziehen. Ohne Zweifel ist
der Kimon eine der ersten Biographien, welche Plutarch verfasst hat, vielleicht sogar die erste [26]). Wir können wohl annehmen, dass seine eigentlich historischen Studien damals,
als er sie schrieb, noch nicht so ausgedehnt waren, wie spä-
terhin; insbesondere dürfte ihm manche Stelle eines Schriftstellers, die er hätte benutzen können, desshalb entgangen
sein, weil in dem betreffenden Werke nur ganz gelegentlich

[23]) Plut. Cim. c. 13.
[24]) Krüger, histor.-philol. Studien p. 118 f.
[25]) A. a. O. p. 122.
[26]) Cf. Ekker a. a. O. p. IV.

von Kimon die Rede war. Nun scheint aber Theopomp, soviel wir absehen können, alle Thaten des Kimon im 10. Buche
der Philippika berichtet zu haben, die Nachricht über den
Frieden mit den Barbaren dagegen ist aus dem fünfundzwan-
zigsten. Wie leicht konnte Plutarch das übersehen, wie sehr
lag es nahe, sich mit dem zu begnügen, was Theopomp im
10. Buche darbot; mochte es doch nur wenige Gelehrte
geben, die den ganzen Theopomp durchgelesen hatten. Im
weiteren Verlauf der Erzählung liegt dann wieder Theopomp
dem Plutarch zu Grunde, wie die Uebereinstimmung mit Nepos zeigt. Es heisst nämlich gleich über die Verwendung der
Beute

Plut. Cim. c. 13.	Nep. Cim. II, 5.
Πραθέντων δὲ τῶν αἰχμαλώτων λαφύρων εἴς τε τὰ ἄλλα χρήμασιν ὁ δῆμος ἐρρώσθη, καὶ τῇ ἀκροπόλει τὸ νότιον τεῖχος κατεσκεύασεν ἀπ' ἐκείνης εὐπορήσας τῆς στρατείας.	His ex manubiis arx Athenarum qua ad meridiem vergit est ornata [27]).

Plutarch fährt dann mit λέγεται δὲ καὶ fort und sagt, dass
damals auch von Kimon die Grundlage zu den langen Mauern
gelegt worden sei. Dieser Satz kann recht gut aus Theopomp
sein, da auch dieser Nachrichten mit καὶ λέγουσι und dergl.
einführte, wie das oben vollständig citirte Fragment 94
(Athen. XII, p. 533ᵃ) ausweist; es ist jedoch auch möglich,
dass hier eine andere Quelle zu Grunde liegt.

Die Eroberung von Thasos (Plut. Cim. c. 14) wird dann
Plutarch ebenfalls nach Theopomp erzählt haben, da er, wie
wir gesehen haben, von Ephoros und Thukydides abweicht
und Nepos das Ereigniss erwähnt [28]). Ebendaher dürfte die
schwierige Stelle über den Prozess geflossen sein, welcher
gegen Kimon anhängig gemacht wurde, weil er nicht, wie er
wohl gekonnt hätte, in Makedonien eingefallen war. Stesimbrotos ist hier schwerlich die Hauptquelle, denn wenn es
Plut. Cim. c. 14 heisst: μνησθεὶς δὲ τῆς κρίσεως ἐκείνης ὁ

---

[27]) Dass diese Stelle des Nepos sich auf die sämmtlichen im 2.
Kapitel erzählten Kämpfe und die dabei gemachte Beute bezieht,
nicht bloss auf die thasische, hat schon Rinck a. a. O. p. LXXXVI
gezeigt. Cf. Nipperdey zu der Stelle.

[28]) Thasios opulentia fretos suo adventu fregit. Nep. Cim. II, 5.

Στησίμβροτός φησι κ. τ. λ., so scheint das vorauszusetzen, dass dieser Prozess auch anderswoher bekannt war.

Den dritten messenischen Krieg dagegen scheint Theopomp übergangen zu haben. Es ist zwar nicht sehr viel darauf zu geben, dass ihn auch Nepos übergeht und sich mit der Phrase begnügt *incidit (sc. Cimon) in eandem invidiam, quam pater suus ceterique Atheniensium principes* [29]); es gewinnt dieser Grund jedoch dadurch an Gewicht, dass Plutarch, wie wir wahrscheinlich gemacht haben, hier dem Ephoros gefolgt ist [30]). Dass er von zwei Expeditionen in den Peloponnes erzählt, spricht nicht dagegen, wir haben bereits oben gesehen, wie diese Confusion entstanden sein dürfte; den Theopomp oder gar, wie Ekker [31]) ganz grund- und beweislos will, den Stesimbrotos, Ion oder Kritias dafür verantwortlich zu machen, liegt nicht die mindeste Veranlassung vor. Kimon, der panhellenische und aristokratische Held des Theopomp, spielte in diesem Kriege eine wenig beneidenswerthe Rolle, und das mochte jenen Historiker bestimmen, alle diese Vorgänge wegzulassen. Ein solches Verfahren, obwohl nicht ohne Beispiel in alter und neuer Zeit, ist freilich der Würde der Geschichte wenig angemessen und kaum vorauszusetzen bei einem Manne, den die Alten trotz seiner Fehler unter ihre grössten Historiker rechneten; aber der Charakter der plutarchischen Darstellung macht eine solche Annahme fast unumgänglich nothwendig, denn jene Phrase des Nepos ist nur ein kümmerlicher Rest des theopompischen Berichts, wie ihn uns Plutarch erhalten hat (Cim. 16): Ηὐξήθη δ' ὑπὸ τῶν Λακε-

---

[29]) Nep. Cim. III, 1.

[30]) Wir wollen hier nicht unterlassen zu erwähnen, dass uns die Ansichten, welche Göbel in der vorhin angezogenen Abhandlung über die Quellen dieser Partie des Diodor entwickelt, vollständig verkehrt erscheinen.

[31]) Das Raisonnement Ekkers (a. a. O. p. 137), dessen Haltlosigkeit für sich selbst spricht, lautet folgendermassen: *Quibusnam ex fontibus haec sua Noster hauserit, quamquam non certe constat, vix tamen aut Ionem Chium aut Stesimbrotum Thasium aut Critiam tyrannum ei viam praeivisse dubitaverim, quippe quorum primum in fine c. 16, alterum in tota hac Vitae parte saepius ipse testem citaverit, tertii autem ipsa etiam verba eadem c. 16 extr. attulerit.*

δαιμονίων ἤδη τῷ Θεμιστοκλεῖ προσπολεμούντων καὶ τοῦτον ὄντα
νέον ἐν Ἀθήναις μᾶλλον ἰσχύειν καὶ κρατεῖν βουλομένων. οἱ δ᾽
Ἀθηναῖοι τὸ πρῶτον ἡδέως ἑώρων οὐ μικρὰ τῆς πρὸς ἐκεῖνον
εὐνοίας τῶν Σπαρτιατῶν ἀπολαύοντες· αὐξανομένοις γὰρ αὐτοῖς
καὶ ἀρχὰς καὶ τὰ συμμαχικὰ πολυπραγμονοῦσιν οὐκ ἤχθοντο τιμῇ
καὶ χάριτι τοῦ Κίμωνος. τὰ γὰρ πλεῖστα δι᾽ ἐκείνου τῶν Ἑλληνι-
κῶν διεπράττετο, πρᾴως μὲν τοῖς συμμάχοις, κεχαρισμένως δὲ τοῖς
Λακεδαιμονίοις ὁμιλοῦντος. ἔπειτα δυνατώτεροι γενόμενοι καὶ
τὸν Κίμωνα τοῖς Σπαρτιάταις οὐκ ἠρέμα προσκείμενον ὁρῶντες
ἤχθοντο. Plutarch fährt mit einem Citat aus Stesimbrotos fort,
erzählt dann den messenischen Krieg und die Heimsendung
der Athener und schliesst (c. 17): οἱ δὲ πρὸς ὀργὴν ἀπελθόντες
ἤδη τοῖς λακωνίζουσι φανερῶς ἐχαλέπαινον, καὶ τὸν Κίμωνα μικρᾶς ἐπιλαβόμενοι προφάσεως ἐξωστράκισαν εἰς ἔτη δέκα. Diese
Worte stehen von καὶ τὸν Κίμωνα an in der genauesten Verbindung mit dem eben erwähnten Satze, so dass offenbar
Alles, was dazwischen liegt, eingeschoben ist. Namentlich sind
die Worte μικρᾶς ἐπιλαβόμενοι προφάσεως Ueberbleibsel einer
Relation, welche von dem messenischen Kriege schwieg.

Für den letzten Feldzug des Kimon nach Kypros und
seinen Tod scheint wieder Theopomp der Gewährsmann des
Plutarch gewesen zu sein, da auch Nepos (Cim. III, 4) ihm
200 Schiffe mitgibt und ihn an einer Krankheit sterben lässt,
cum eius maiorem partem insulae devicisset. Was dagegen Plutarch von dem Tode des Themistokles berichtet, und die Verbindung, in welche er denselben mit den letzten Thaten seines glücklicheren Nebenbuhlers bringt, ist aus einer anderen
Quelle geschöpft, von welcher nachher zu reden sein wird.

Ist nun aber — und das Dargelegte scheint es uns vollkommen bewiesen zu haben — Theopomp die Hauptquelle
des Plutarch, woher stammt die Verschiedenheit der Berichte
über das Ende des Miltiades und die Anfänge des Kimon
bei Plutarch und Nepos? Es heisst nämlich bei Nepos: *Nam*
cum pater eius (sc. Cimonis) litem aestimatam populo solvere non
potuisset ob eamque cuusam in vinclis publicis decessisset, Cimon
eadem custodia tenebatur, neque legibus Atheniensium emitti po-
terat, nisi pecuniam, qua pater multatus erat, solvisset. Es wird
dann weiter erzählt, dass Kimon seine Schwester Elpinike, mit

der er verheirathet gewesen, einem gewissen Kallias zur Frau
gegeben und dieser die Schuld bezahlt habe. Plutarch, in
dem letzteren Punkte mit Nepos übereinstimmend, schweigt von
der Haft des Kimon. Dass Ephoros Beiden nicht zu Grunde
liegt, ist bereits oben nachgewiesen, da er nicht die Elpinike
an Kallias, sondern Kimon an eine reiche Erbtochter verhei-
rathen lässt. Hat nun Nepos auch hier den Theopomp benutzt, und — wenn das der Fall ist — warum that es Plutarch
nicht? Vielleicht lösen sich die Schwierigkeiten am Einfach-
sten durch folgende Annahme. Nepos hat im Miltiades den
Ephoros benutzt, namentlich die Expedition nach Paros im
Anschluss an diesen erzählt [32]), es war also natürlich, dass
er ihn auch beim Niederschreiben der Biographie des Kimon,
wo er von dessen Anfängen berichten musste, wieder zur
Hand nahm, während er im Allgemeinen dem Theopomp
folgen wollte. Fand er nun bei Ephoros eine Nachricht,
welche von der Darstellung des Theopomp abwich, so war es
für den unkritischen Geist des Compilators das Nächstliegende,
eine Vermittelung zu versuchen, und so entstand der Bericht
des Nepos wie er vorliegt. Wir könnten also wohl den des
Plutarch als wesentlich mit Theopomp übereinstimmend be-
trachten.

Nach Heeren [33]) müsste man annehmen, dass die Nachricht des Justin (II, 15) [34]) aus Theopomp stamme; allein
diese Ansicht ist ganz verkehrt, da er dasselbe berichtet wie
Ephoros-Diodor. Für jene Vermuthung hat Heeren keinen
einzigen ausreichenden Grund beigebracht; dagegen hat er
selbst bewiesen, dass Trogus Pompejus in der Schilderung
des Xerxeszuges dem Ephoros gefolgt ist [35]).

Ist unsere oben ausgesprochene Vermuthung richtig, so
wird man auch wohl Theopomp unter dem εἰσὶ δ' οἳ verstehen
müssen, welche sagten, dass Elpinike des Kimon rechtmässige

---

[32]) Vgl. Nepos Milt. VII, 3. 4. Ephor. fr. 107 Marx.

[33]) Heeren, De fontibus Trogi Pompeii in Commentt. Soc. Gott. XV,
p. 213.

[34]) (Cimon) *patrem ob crimen peculatus in carcerem coniectum ibique
defunctum translatis in se vinculis ad sepulturam redemit.*

[35]) A. a. O. p. 214.

Gemahlin gewesen sei, da es zum Charakter des theopompischen Werkes vortrefflich passt, Nepos dasselbe berichtet und es mit der Darstellung des Ephoros auf keine Weise zu vereinigen ist.

Unsere ganze bisherige Erörterung scheint jedoch durch ein Fragment des Theopomp umgestossen zu werden, welches, soweit mir bekannt, noch nicht in eine Sammlung aufgenommen worden ist. Es heisst nämlich bei Cyrill. contra Julian. VI, p. 187 f. Spanh.: *Γράφει δὲ περὶ αὐτοῦ* (sc. *Κίμωνος*) *Θεόπομπος, ὡς καὶ κλεπτίστατος γένοιτό τις, καὶ λημμάτων αἰσχρῶν ἡττώμενος οὐχ ἅπαξ ἐλήλεγκται. καὶ τὸ τῆς δωροδοκίας μάθημα παρ' αὐτοῦ καὶ πρώτου τοῖς Ἀθήνῃσι στρατηγοῖς ὁρᾶται ἐνσκῆψαι.* Das widerstreitet Allem, was uns Plutarch erzählt, und es wäre kaum denkbar, dass dieser den Theopomp so stark über Kimon benutzt hätte, ohne einer derartigen Behauptung entgegenzutreten. Doch vergessen wir nicht, was für Leute diese Väter der christlichen Kirche waren, welche in blindem Eifer für ihre dogmatischen und asketischen Ideen schon damals zur grösseren Ehre ihres Gottes Lügen, Verleumdungen und Fälschungen für erlaubt und geboten hielten. Denn während die früheren christlichen Schriftsteller, wie z. B. Origenes einem Manne gegenüber, der mit so scharfen und gefährlichen Waffen kämpfte, wie Celsus, verhältnissmässig gemässigt auftraten und jedenfalls glaubten, was sie sagten, so wird das seit Konstantin dem Grossen, besonders aber seit dem Tode Julians anders, sie werden schärfer und fanatischer und ein vollständiges Lügensystem bildet sich aus [36]). Am Weitesten darin treibt es nun der heilige Cyrillus. Dieser brave Mann citirt Aussprüche von Aristoxenos über Sokrates und fügt hinzu, dass Aristoxenos ein begeisterter Lobredner dieses Philosophen gewesen sei, während es doch bekannt ist, dass er einer seiner heftigsten Gegner war; ja er geht, um auf die verruchten Heiden möglichst furchtbare Anklagen häufen zu können, so weit, den Porphyrios als Autorität für Thatsachen zu citiren, welche dieser nur anführt, um sie zu widerlegen

---

[36]) Cf. Luzac, Lectiones Atticae p. 287.

und für Lügen und Verleumdungen zu erklären[37]). Nichts
hindert demnach anzunehmen, dass auch Theopomp an jener
Stelle das gerade Gegentheil von dem gesagt habe, was der
heilige Mann ihn sagen lässt, und dann findet sich auch hier
wieder die schönste Uebereinstimmung mit Plutarch. Dieser
hat Cim. c. 10 wahrscheinlich die von Cyrill gefälschte Stelle
vor Augen, wenn er sagt: λημμάτων δὲ δημοσίων τοὺς ἄλλους
πλὴν Ἀριστείδου καὶ Ἐφιάλτου πάντας ἀναπιμπλαμένους ὁρῶν,
αὐτὸν ἀδέκαστον καὶ ἄθικτον ἐν τῇ πολιτείᾳ δωροδοκίας καὶ
πάντα προῖκα καὶ καθαρῶς πράττοντα καὶ λέγοντα διὰ τέλους
παρέσχε.

Aus alledem ergibt sich wohl zur Genüge, dass Theopomp in der That den Grundstock der plutarchischen Biographie abgegeben hat. Ist das aber der Fall, so wird anzunehmen sein, dass er auch an einer Anzahl von Stellen
Plutarchs Quelle gewesen sei, wo wir einen stricten Beweis
nicht mehr zu führen im Stande sind. Wahrscheinlich stammt
aus ihm die Erzählung von dem Benehmen Kimons dem Verräther Pausanias gegenüber (die Geschichte der Kleonike ist
jedoch aus einer andern Quelle geflossen, von der nachher
zu reden sein wird); ihm gehören ohne Zweifel die Betrachtungen über die Freigebigkeit im Allgemeinen und die des
Kimon im Besonderen an (c. 10), da sie mit einem Satz schliessen, welcher den unverkennbaren Stempel eines Mannes trägt,
der noch mitten in den Parteikämpfen des freien Hellas ge-
standen[38]) und eine Stelle aus Theopomp sich unmittelbar daran
schliesst; ihm dürfen wir das ganze 15. Kapitel zuschreiben,
welchem offenbar der Bericht eines durchaus aristokratisch
gesinnten Schriftstellers zu Grunde liegt. Ebendahin wird
die Nachricht von den drei Söhnen Kimons mit ihren bedeu-
tungsvollen Namen (c. 16 init.) gehören und dessgleichen die
Schilderung der Schlacht bei Tanagra, da sie aufs Engste mit
der von Theopomp gemeldeten Thätigkeit Kimons in dem
Conflict zwischen Athen und Sparta zusammenhängt. Ohne

---

[37]) Den Nachweis dafür siehe bei Luzac a. a. O. p. 288 f.

[38]) Οἱ δὲ ταῦτα κολακείαν ὄχλου καὶ δημαγωγίαν εἶναι διαβάλ-
λοντες ὑπὸ τῆς ἄλλης ἐξηλέγχοντο τοῦ ἀνδρὸς προαιρέσεως ἀριστο-
κρατικῆς καὶ Λακωνικῆς οὔσης κ. τ. λ.

Zweifel theopompisch ist endlich der Schluss der Biographie, der den Kimon feiert als Panhellenen und Sieger über die Barbaren, der ihn den späteren Staatsmännern entgegenstellt, die in Kriegen der hellenischen Staaten untereinander die Kraft der Nation verzettelten. Die Zeit Philipps und Alexanders spricht aus diesen Worten, der neu aufflammende Perserhass spiegelt sich in ihnen, die Schule des Isokrates ist es, die wir aus ihnen hören; sie sind der Ausdruck der Gefühle so vieler edlen Seelen, die den Untergang der Freiheit vor Augen Ersatz für sie suchten in Einheit, Grösse und Macht, die aber, unvermögend sich zu resigniren bei dem Loose alles Schönen in dieser kalten und leidensvollen Welt, sich von dem Untergehenden abwandten und das in der Gegenwart allein Mögliche zum Massstabe für die Bestrebungen der Vergangenheit machten.

Geben wir diese Stellen noch dem Theopomp und scheiden wir dann alles Uebrige aus, so bildet die Biographie ein genau in sich geschlossenes, zusammenhängendes und von einem leitenden Gedanken bewegtes Ganze. In diese theopompische Relation hat dann Plutarch allerlei aus andern Schriftstellern entlehnte Nachrichten eingeschoben, Zusätze, die in der Regel schon äusserlich zu erkennen sind, da die genaue Verbindung mit dem Vorhergehenden und Folgenden fehlt und sie mit der übrigen Darstellung nur ganz lose durch ein λέγεται δὲ καὶ, φασὶ δέ u. s. w. verknüpft sind.

Diese Einschiebsel lassen sich in zwei Klassen theilen; die eine umfasst die Schriftsteller, welche Plutarch zur Ergänzung und Rectificirung des Theopomp heranzog, die andere dasjenige Element, welches Nissen als „Anekdotensammlungen" bezeichnet. Ich weiss nicht recht, wass Nissen unter diesem Ausdruck verstanden haben will; soviel ich absehen kann, scheinen es mir Notizen zu sein, welche Plutarch seinen reichen Collectaneen entnahm. Dafür spricht namentlich das Sentenzenhafte der meisten dieser Stellen. Es zwingt uns Nichts zu der Annahme, dass Plutarch diese Schriftsteller sämmtlich gelesen habe, es erscheint sogar als unwahrscheinlich, dass er z. B. Gorgias und Kritias in Händen gehabt; ein Analogon zu der Art, wie Plutarch arbeitete, dürfte am

Ehesten in der Studirmethode, welche Winckelmann in seiner deutschen Zeit befolgte, zu finden sein. Wie dieser seinen Bayle excerpirte, so mag auch der „Philosoph von Chäroneia" gar manches Sammelwerk ausgezogen und uns auf diese Weise so viele Fragmente sonst verschollener oder verlorener Schriftsteller erhalten haben; auch erscheint es mir gar nicht als unwahrscheinlich, dass er sich, ebenfalls wie Winckelmann, eine Sammlung historischer Parallelen zum gelegentlichen Gebrauch angelegt. Merkwürdig ist übrigens, dass die Notizen dieser zweiten Kategorie nur da auftreten, wo Plutarch überhaupt schon den Bericht des Theopomp verlassen und sich einen andern Historiker zum Führer gewählt hat, wie aus den nachfolgenden Erörterungen zur Genüge hervorgehen wird.

Von den Schriftstellern der ersteren Klasse haben wir Ephoros und Thukydides bereits behandelt; der Nächste, dem wir unsere Aufmerksamkeit zuzuwenden haben, ist K r a t e r o s. Aus ihm hat Plutarch alle öffentlichen Aktenstücke entlehnt, welche er in den Biographien der Griechen anführt. Krateros war ein Makedone, wie Vossius vermuthete, der bekannte Feldherr Alexanders[39]), wie jedoch Niebuhr höchst wahrscheinlich gemacht hat, ein Bruder des Antigonos Gonatas[40]). Er schrieb eine συναγωγὴ ψηφισμάτων in wenigstens 9 Büchern[41]), doch war dies Werk wohl weniger eine Psephismensammlung, als ein Abriss der attischen Geschichte, überall mit Urkunden und Zeugnissen der Historiker belegt, wie die Stelle Plut. Arist. c. 26 zeigt. Im Kimon citirt ihn Plutarch, um den Frieden mit den Barbaren gegen die Angriffe des Kallisthenes zu vertheidigen. Er scheint grossen Werth auf diese Psephismen zu legen, nirgends zieht er ihre Echtheit auch nur im Geringsten in Zweifel; wenn Oncken behauptet[42]),

---

[39]) Plut. Arist. c. 26. Vossius de hist. Gr. p. 347.

[40]) Niebuhr, Kleine Schriften I, p. 225. Phlegon de mirabil. c. 32 und Prolog. ad Trogum Pomp. XXVI nennen einen Krateros unter den Brüdern des Antigonos und dieser war Phlegon zufolge Schriftsteller.

[41]) Steph. Byz. s. Δηψίμανδος. Ueber Krateros hat am Besten gehandelt Meineke in seiner Ausgabe des Steph. Byz. I, p. 714 ff.

[42]) Athen und Hellas II, p. 140. Die betr. Stelle des Plutarch lautet: Κρατερὸς δ᾽ ὁ Μακεδὼν τοιαῦτά τινα περὶ τῆς τελευτῆς τοῦ

aus Arist. c. 26 lasse sich schliessen, „dass die Echtheit der Urkunden bei Krateros selbst einem Plutarch nicht völlig unzweifelhaft war", so hat mich eine wiederholte Betrachtung
der Stelle nur vom Gegentheile überzeugen können. Plutarch
bezweifelt eine Nachricht des Krateros ja eben darum, weil
sie nicht mit einem Psephisma belegt ist.

Dahlmann[43]) hat behauptet, dass Plutarch auch die Be-
dingungen des kimonischen Friedens aus Krateros entlehnt
habe. Obwohl sich für diese Annahme ein stricter Beweis
nicht führen lässt, so spricht doch die fast wörtliche Uebereinstimmung zwischen Plutarch und Demosthenes dafür, indem
Letzterer doch wahrscheinlich im Wesentlichen den Text der
Friedenssäule wiedergab. Es heisst nämlich:

Demosth. de falsa leg. p. 428 R.	Plut. Cim. c. 13.
Ἵππου μὲν δρόμον ἡμέρας πεζῇ μὴ καταβαίνειν ἐπὶ τὴν θά-λατταν βασιλέα, ἐντὸς δὲ Χελι-δονίων καὶ Κυανέων πλοίῳ μακρῷ μὴ πλεῖν.	*Ἵππου μὲν δρόμον ἀεὶ τῆς Ἑλληνικῆς ἀπέχειν θαλάσσης, ἔνδον δὲ Κυανέων καὶ Χελιδο-νίων μακρᾷ νηΐ καὶ χαλκεμβόλῳ μὴ πλέειν.*

Sehr bezweifeln möchte ich dagegen, dass Plutarch aus Krateros die Inschriften entnommen habe, welche auf den Kimon
zu Ehren errichteten Hermen standen (Plut. Cim. c. 7). Aus
Theopomp scheinen sie nicht entlehnt zu sein, sie unterbre-
chen offenbar den Zusammenhang der Erzählung; dagegen
finden sie sich mit einigen kleinen Abweichungen, nach denen
theilweise der Text des Plutarch zu verbessern sein dürfte,
in der im Alterthum viel gelesenen Rede des Aeschines gegen
Ktesiphon und die Betrachtungen, welche Plutarch darüber
anstellt, haben eine zu grosse Aehnlichkeit mit denen des
Aeschines, als dass man annehmen könnte, er habe aus einer
anderen Quelle geschöpft; dass sie nicht völlig dieselben sind,
kann nicht auffallen bei einem Manne, der mit solchem Eifer
allgemeine politische Erörterungen anstellt, wie Plutarch,
dem sich hier eine günstige Gelegenheit darbot, ein pikantes

---

*ἀνδρὸς εἴρηκε ... τούτων δ' οὐδὲν ἔγγραφον ὁ Κρατερὸς τεκμήριον
παρέσχηκεν, οὔτε δίκην οὔτε ψήφισμα, καίπερ εἰωθὼς ἐπιεικῶς γρά-
φειν τὰ τοιαῦτα καὶ παρατίθεσθαι τοὺς ἱστοροῦντας.*

[43]) Forschungen auf dem Gebiet der Geschichte I, p. 85.

Anekdötchen anzuknüpfen. Die in Betracht kommenden Stellen lauten folgendermassen:

Aesch. in Ctes. ·p. 183 ff.

Ἡσάν τινες, ὦ ἄνδρες Ἀθηναῖοι, κατὰ τοὺς τότε καιροὺς, οἳ πολὺν πόνον ὑπομείναντες καὶ μεγάλους κινδύνους ἐπὶ τῷ Στρυμόνι ποταμῷ ἐνίκων μαχόμενοι Μήδους. οὗτοι δεῦρο ἀφικόμενοι τὸν δῆμον ᾔτησαν δωρεὰν, καὶ ἔδωκεν αὐτοῖς ὁ δῆμος τιμὰς μεγάλας, ὡς τότ' ἐδόκει, τρεῖς λιθίνους Ἑρμᾶς στῆσαι ἐν τῇ στοᾷ τῇ τῶν Ἑρμῶν, ἐφ' ᾧτε μὴ ἐπιγράφειν τὰ ὀνόματα τὰ ἑαυτῶν, ἵνα μὴ τῶν στρατηγῶν ἀλλὰ τοῦ δήμου δοκῇ εἶναι τὸ ἐπίγραμμα. ἐπιγέγραπται μὲν ἐπὶ τῷ πρώτῳ τῶν Ἑρμῶν κ. τ. λ.

Plut. Cim. c. 7.

Ταῦτα καίπερ οὐδαμοῦ τὸ Κίμωνος ὄνομα δηλοῦντα τιμῆς ὑπερβολὴν ἔχειν ἐδόκει τοῖς τότε ἀνθρώποις. οὔτε γὰρ Θεμιστοκλῆς τοιούτου τινὸς οὔτε Μιλτιάδης ἔτυχεν κ. τ. λ. [41]).

Kallisthenes, der Begleiter und Geschichtschreiber Alexanders, welchem die Laune des Despoten ein so trauriges Geschick bereitete, wird von Plutarch Cim. c. 12 und 13 citirt, wo er nach ihm einige Einzelheiten über die Schlacht am Eurymedon berichtet und uns ·mittheilt, dass er den Abschluss des kimonischen Friedens geläugnet habe. Aller Wahrscheinlichkeit nach hat Kallisthenes diese seine Ansicht im ersten Buche seiner Hellenika auseinandergesetzt, welche nach dem Zeugniss des Diodor (XIV, 117) die Zeit vom antalkidischen Frieden bis zur Einnahme des delphischen Tempels durch Philipp (387—357 a. C.) umfassten. Des Friedens des Antalkidas pflegten ja die attischen Redner nie zu gedenken, ohne ihm jenen ruhmreichen Vertrag entgegenzustellen, welchen Athen einst mit den Barbaren geschlossen; es war daher hier Veranlassung genug, diesen Mythos, welcher immer grösseren Glanz annahm, einmal gründlich kritisch zu untersuchen. Bei dieser Gelegenheit mag denn Kallisthenes auch von der

---

41) Dass es sich wie angegeben verhalte, haben schon Lukas, Versuch einer Charakteristik Kimons p. 15 und Ekker zu Plut. Cim. p. 32 gesehen. Stimmt man, wie ich es zu thun geneigt bin, der Ansicht Richters („Zu Aeschines gegen Ktesiphon und Plutarchs Kimon" in Jahns Jahrb. Bd. 93) bei, dass die Inschriften anders zu ordnen seien, so erscheint die Benutzung des Aeschines durch Plutarch als ganz unzweifelhaft.

Schlacht am Eurymedon gehandelt haben, obwohl Einige die hierher gehörigen Fragmente dem Werk über die Thaten des Alexander zuweisen möchten [45]).

Phanodemos, ein Historiker, dessen Vaterland und Zeitalter ungewiss sind, wird von Plutarch ebenfalls zwei Mal über die asiatischen Feldzüge des Kimon citirt (Cim. c. 12 und 19). Jedenfalls ist hier seine Atthis gemeint, die jedoch nur in Nebenpunkten benutzt sein kann.

Von viel grösserem Einfluss auf die plutarchische Relation ist Kleitarchos gewesen, aus welchem Plutarch wahrscheinlich das geschöpft hat, was er Cim. c. 18 von den letzten Plänen und dem Tode des Themistokles überliefert. Kleitarchos war ein Sohn des Historikers Dinon und lebte am Hofe des Ptolemaeos Lagi. Sein Vaterland ist unbekannt [46]). Er schrieb eine Geschichte Alexanders des Grossen und seiner Nachfolger bis zur Schlacht bei Ipsos „in der Art des Halbromans, der den Namen des Curtius trägt" [47]). Sein Werk war bei den Alten sehr beliebt und ausser Curtius folgen auch Diodor und Trogus Pompejus hauptsächlich ihm. Wir wissen nicht recht, wie in seinem Buche Themistokles Platz fand, aber es ist uns bezeugt, dass er von ihm gehandelt. Es heisst nämlich Cic. Brut. c. 11: *Concessum est rhetoribus ementiri in historiis, ut aliquid dicere possint argutius. Ut enim tu nunc de Coriolano, sic Clitarchus, sic Stratocles de Themistocle finxit. Nam quem Thucydides ... tantum mortuum scripsit et in Attica clam humatum — addidit fuisse suspicionem veneno sibi conscivisse mortem, hunc isti aiunt, cum taurum immolavisset, excepisse sanguinem patera et eo poto mortuum concidisse.* Daraus ergibt sich in Verbindung mit Plut. Them. c. 31, dass Plutarch für das Ende des Themistokles (Cim. c. 18)

---

[45]) Heeren, De fontibus Plutarchi p. 40 f., dem Ekker a. a. O. p. 28 zustimmt.

[46]) St. Croix, Examen des anciens historiens d'Alexandre le Grand p. 41 sagt, er sei ein Aeolier, C. Müller in seiner Ausgabe der Scriptores Alexandri M., welche dem Didotschen Arrian angehängt ist, p. 74 ff. meint, er sei ein Aegypter, wahrscheinlich aus Naukratis. Einen Beweis haben beide nicht geliefert.

[47]) Mommsen, Römische Geschichte. 4. Aufl. III, p. 595 f.

einen von beiden ausgeschrieben hat. Heeren [45]) meint, Kleitarchos habe in seinem Werke vielleicht die Geschicke Persiens im Abriss erzählt und dort auch von Themistokles gehandelt. Das wäre möglich, kann aber nicht bewiesen
werden.

Ueber Stratokles wissen wir fast gar Nichts. Am besten hat noch immer Ruhnken in seiner Ausgabe des Rutilius
Lupus (p. 32 ff.) von ihm gehandelt. Er war ein Redner zur
Zeit des Demosthenes, beantragte das Psephisma zu Ehren
des gestorbenen Lykurgos und war Ankläger des Demosthenes
in dem harpalischen Bestechungsprocesse. Da kein Historiker
dieses Namens bekannt ist, so will Ruhnken die ciceronische
Stelle von dem Redner verstanden wissen, was auch sehr gut
zu dem Ausdruck *concessum est rhetoribus* stimmt. Im Zweifel wird anzunehmen sein, dass Plutarch dem Kleitarchos
folgte, klar aber ist, dass jener Bericht ganz späten Ursprungs ist und auf Glaubwürdigkeit wenig Ansprüche machen
kann.

Einen ganz eigenthümlichen Charakter aber hat unsre
Biographie durch die Verwerthung zweier Memoirenschriftsteller erhalten, des Ion von Chios und des Stesimbrotos von Thasos. Bei diesen müssen wir etwas länger verweilen, da es hier einige zweifelhafte kritische Fragen zu
erörtern gilt.

Ion von Chios, der ausgezeichnete tragische, lyrische,
besonders dithyrambische Dichter, hat auch mehrere Werke
in Prosa hinterlassen. Erwähnt werden Χίου κτίσις, ἐπιδημίαι,
ὑπομνήματα, συνεκδημητικός, πρεσβευτικός und τριαγμοί, wenn
man mit Welcker annimmt [46]), dass der κοσμολογικός mit den
letzteren identisch ist. Da die τριαγμοί und die Χίου κτίσις
im Leben des Kimon von Plutarch ohne Zweifel nicht benutzt worden sind, so bleiben nur die vier übrigen Schriften
zu besprechen. Ueber den πρεσβευτικός λόγος, von dem wir
sonst weiter keine Kunde haben, sagt der Scholiast zu Aristophanes Frieden v. 837: ὃν ῥόδον ἀξιοῦσιν εἶναί τινες καὶ οὐχὶ

---

[45]) De font. Plut. p. 31.
[46]) Die griechischen Tragödien p. 943.

αὐτοῦ, und wir haben keinen Grund, dieser Ansicht zu widersprechen. Ἐπιδημίαι und ὑπομνήματα erklärt C. F. Hermann [50])
für Ein Werk, indem er ἐπιδημίαι wie nach ihm Welcker
a. a. O. von „Reisen des Ion" versteht. Bentley hat das
Wort anders gefasst und will es von der Ankunft berühmter
Männer in Chios verstanden wissen [51]), Köpke stimmt dem
bei und hält das Buch für eine Art Fortsetzung der Χίου
κτίσις [52]). Bentley fügt zur Begründung seiner Behauptung
hinzu: *similiter ac Polémo librum edidit de Eratosthenis adventu
Athenis.* Der Titel dieser Schrift des Polemon lautet: περὶ
τῆς Ἀθήνῃσιν Ἐρατοσθένους ἀποδημίας und das heisst, wie
Preller auseinandergesetzt hat [53]), „über den Aufenthalt des
Eratosthenes zu Athen". Mit Recht bemerkt daher Müller [54]),
wenn man dies Buch als ein Analogon zu dem des Ion her-
anziehen wolle, so müsse man annehmen, dass Athenaeos
(und der Scholiast zu Aeschylos) den Titel desselben abge-
kürzt habe, denn ἐπιδημίαι schlechtweg könne nur von den
ἐπιδημίαι des Verfassers verstanden werden. Er fügt hinzu:
*Ac vix ita statuisset Bentleius, nisi fragmentum ab Athenaeo
servatum his inciperet verbis:* Σοφοκλεῖ τῷ ποιητῇ ἐν Χίῳ συνήντησα. *Sed haec fallacia sunt, quum ex media narratione, quam
de Sophoclis ingenio et moribus Ion instituit, deprompta esse possint.* Das ist gewiss vollkommen richtig, und wir können
auch wohl der Vermuthung C. F. Hermanns zustimmen, dass
Sophisten und Poeten, welche sich lange in Athen aufgehalten, bei ihrer Rückkehr ihren Landsleuten nicht nur von den
dortigen Zuständen und Persönlichkeiten erzählt, sondern
ihnen auch wohl Aufzeichnungen darüber hinterlassen hätten.
Die ὑπομνήματα werden nun bloss von dem Scholiasten zu
Aristophanes a. a. O. erwähnt, welcher die Prosaschriften des
Ion aufzählt und dabei die ἐπιδημίαι auslässt. Bei der Art,

---

[50]) De fontibus Plutarchi in vita Periclis p. IX.
[51]) Bentley, Opuscula p. 507 ed. Lips.
[52]) De Ionis Chii vita et fragmentis p. 67.
[53]) Polemonis fragmenta p. 86. Hesychios und der codex Venetus
der Scholien zu Aristophanes haben ἀποδημία, nicht ἐπιδημία.
[54]) Fragm. hist. Graec. II, p. 45.

wie die Alten citiren, ist eine solche Bezeichnung gar nicht auffallend, ja wir können auch wohl Müller a. a. O. beistimmen, wenn er vermuthet, dass der συνεκδημητικός zu den ἐπιδημίαι zu ziehen sei, da man das Buch des Ion ja recht gut auch als ἐκδημητικὸς λόγος habe bezeichnen können. Der συνεκδημητικός wäre dann als eine Art Appendix des Werks aufzufassen. Der Scholiast a. a. O. thut seiner gleichfalls nicht Erwähnung.

Uebrigens war die Schrift im ionischen Dialekt abgefasst, wie das Frag. 1 Müll. bei Athen. XIII, p. 603 E deutlich zeigt. Den Versuch des Hugo Grotius, die bei Plutarch überlieferten Stellen des Ion einem poetischen Werke zuzuschreiben und die Verse zu restituiren, hat schon Bentley a. a. O. zurückgewiesen.

Franz Ritter hat die Behauptung aufgestellt, dass die ἐπιδημίαι ein untergeschobenes Werk seien, zuerst in der Abhandlung „Vorgebliche Strategie des Sophokles gegen Samos" im Neuen Rheinischen Museum 1843 und dann in *Didymi Chalcenteri opuscula*. In der letzteren Schrift p. 55 meint auch er, dass die ἐπιδημίαι und der συνεκδημητικός dasselbe Werk bezeichneten, und behauptet dann, dass sie mit dem πρεσβευτικός identisch seien. Einen Beweis dafür aber hat er nicht geliefert, auch Nichts beigebracht, wodurch die Sache wahrscheinlich gemacht würde. Die Scholien aber sprechen geradezu gegen ihn. Dort heisst es nämlich: Ἴων ὁ Χῖος ... ἔγραψε δὲ καὶ κωμῳδίας καὶ ἐπιγράμματα καὶ παιᾶνας καὶ ὕμνους καὶ σκολιὰ καὶ ἐγκώμια καὶ ἐλεγεῖα, καὶ καταλογάδην τὸν Πρεσβευτικὸν λεγόμενον, ὃν νόθον ἀξιοῦσιν εἶναί τινες καὶ οὐχὶ αὐτοῦ · φαίνεται [richtiger Dindorf φέρεται] δὲ αὐτοῦ καὶ Κτίσις καὶ Κοσμολογικὸς καὶ Ὑπομνήματα καὶ ἄλλα τινά. Der Scholiast hat also gewiss die ὑπομνήματα und den πρεσβευτικός für zwei verschiedene Schriften gehalten.

Ritter stimmt nun dem Scholiasten in der Anzweiflung der Echtheit des πρεσβευτικός bei und verwirft demnach auch die ἐπιδημίαι. Er meint, die alexandrinischen Kritiker hätten sie für untergeschoben gehalten. Zu dieser Annahme ist aber auch nicht der mindeste Grund vorhanden, vielmehr citiren die Scholien zu Aeschylos Persern v. 429 die Epidemien ganz unbefangen: "Ιων ἐν ταῖς ἐπιδημίαις παρεῖναι Αἰσχύλον ἐν τοῖς Σαλαμινιακοῖς φησιν [55]).

Aber vielleicht sind innere Gründe für die Unechtheit vorhanden? Im Neuen Rheinischen Museum 1843 p. 186 ff. hat Ritter dieselbe dadurch zu erweisen versucht, dass von Ion fr. 1 Müll. eine Strategie des Sophokles erwähnt werde, auf welcher er auch nach Samos gekommen, eine solche aber nie stattgefunden habe. Diese letztere Behauptung scheint wenig Anklang gefunden zu haben und in der That sind auch die Gründe, welche Ritter dafür anführt, äusserst schwach. Er sagt nämlich, Thukydides erwähne des Sophokles nicht, obwohl er I, 115 ff. ausser Perikles noch sechs Strategen von den zehn, welche gegen Samos kämpften, nennt; ebensowenig sage Diodor ein Wort von ihm und auch Plutarch schweige davon, obwohl er ausser Thukydides Stesimbrotos, Aristoteles, Duris und Ephoros als Quelle benutzt habe. Dass das Schweigen des Thukydides und Diodor Nichts beweist, ist klar, sie hatten eben keine Veranlassung, des Feldherrn Sophokles zu gedenken; dass Plutarch schweige, ist nicht richtig, denn obwohl er bei der samischen Expedition Sophokles nicht erwähnt, berichtet er an einer andern Stelle (Per. c. 8) von einer gemeinschaftlichen Strategie des Perikles und Sophokles. Wenn Ritter dagegen das Zeugniss des Androtion in den Scholien zu Aristides III, p. 485 Dind. abweist, so kann man das allenfalls gelten lassen. Er sucht nun aber weiter nachzuweisen, und das gibt seinen Hauptgrund für die Unechtheit der ἐπιδημίαι ab, dass Ion gar nicht von der samischen Expedition, sondern von dem Feldzug gegen Lesbos im vierten und fünften Jahre des peloponnesischen Krieges rede, in welchem Falle schon die Chronologie eine Strategie des Sophokles unmöglich mache. Er macht darauf aufmerksam, dass es bei Ion heisse Σοφοκλεῖ τῷ ποιητῇ ἐν Χίῳ συνήντησα, ὅτε ἔπλει εἰς Λέσβον στρατηγός. Man könne hier nicht daran denken, dass Sophokles die 16 Schiffe geführt habe, welche nach Thuk. I, 116 ausgesandt wurden, um die Phöniker zu beobachten und von Lesbos und Chios

---

[55]) Vgl. Schneidewin im Philologus VIII, p. 733. 735 f.

Beistand zu holen, da nach Thukydides die Athener in ihrer Abwesenheit bei Tragia siegten Περικλέους δεκάτου αὐτοῦ στρατηγοῦντος. Will man auch diese Worte so auslegen, wie Ritter thut, dass nämlich alle zehn Feldherren bei Tragia anwesend gewesen seien, eine Auslegung, welche mir äusserst unwahrscheinlich vorkommt, da schwerlich Jemand 16 Schiffe ohne Oberbefehlshaber aussenden wird, so wird damit doch noch gar Nichts bewiesen. Unsere Kenntniss von jener Periode der griechischen Geschichte ist höchst lückenhaft; es konnte bei jenem Feldzuge gar manche Gelegenheit geben, durch welche Sophokles nach Chios und Lesbos geführt ward, er konnte z. B. bei seiner Rückkehr diesen Umweg machen. Wenn dann Ritter sagt, es werde in dem Fragment von Sophokles als von einem nicht mehr Lebenden geredet (ἦν ὡς ἄν τις τῶν χρηστῶν Ἀθηναίων), so könnte man vielleicht darauf hinweisen, dass uns die Worte des Ion nur in der theilweisen Umformung des Athenäos erhalten sind; man braucht aber dazu gar nicht seine Zuflucht zu nehmen; Ion schrieb zu einer Zeit, wo Sophokles schon hochbejahrt und schwerlich noch der lebensfrohe Mann seiner jüngeren Tage war. Zudem aber ist es in allen Sprachen Gebrauch, wenn man von ziemlich lange vergangenen Zeiten redet, auch die Schilderungen der handelnden Personen in das Präteritum zu setzen, selbst wenn dieselben noch leben. Was dann Ritter weiter noch vorbringt, Sophokles habe auf dem Feldzuge gegen Samos nicht von Perikles sagen können ἔφη, „er pflegte zu sagen“, und χρηστῶν in der eben angeführten Stelle habe einen ironischen Beigeschmack, verlohnt in der That nicht die Mühe der Widerlegung.

Und sprechen nicht gerade die erheblichsten inneren Gründe für die Aechtheit jenes Fragments des Ion? Abgesehen von den zahlreichen Spuren des ionischen Dialekts, ist es nicht so reizend und poetisch, so ganz Allem entsprechend, was wir von Ion und Sophokles sonst wissen, so ganz fern von allem Schulmässigen und dem Styl der spätern Sophistik, dass Niemand, der es mit unbefangenem Sinne betrachtet, an seiner Aechtheit zweifeln dürfte? Das scheint auch Ritter gefühlt zu haben und er hat

desshalb ein neues Argument beigebracht. Seine Worte
(Didym. Chalc. a. a. O.) lauten: „*Illi sententiae novum firma-
mentum accedit, quod de Socrate, qui post Ionem viginti duos
annos etiam vivus fuit, eiusque itinere Samio in illo opere ex-
positum erat. Quod cum per se mirum videatur Ionem egisse de
homine se tanto minore natu, idem mirabilius apparet, quod So-
cratem numquam peregrinatum esse constat. Lege Critonem Pla-
tonis* p. 52 B: οὔτ' ἐπὶ θεωρίαν πώποτε ἐκ τῆς πόλεως ἐξῆλθες,
ὅτι μὴ ἅπαξ εἰς Ἰσθμὸν, οὔτε ἄλλοσε οὐδαμόσε, εἰ μήποι στρα-
τευσόμενος, οὔτε ἄλλην ἐποιήσω ἀποδημίαν πώποτε ὥςπερ οἱ
ἄλλοι ἄνθρωποι. Conf. Phaedrus p. 230 D. Meno p. 86 B.
*Narratiuncula igitur tam incredibilis de Samio itinere Socratis
ab auctore serius sua conscribente componi potuit, ab eo qui
aequalis et maior natu exspectari nequit.*" Dass Sokrates etwa
zehn Jahre jünger war, als Ion, beweist gar nichts, denn
seine Thätigkeit als ἔλεγχος hatte er längst begonnen, als dieser sein Memoirenwerk schrieb, und er muss von Anfang an
grosses Aufsehen erregt und bald zu den typischen Figuren
von Athen gehört haben; eine Mittheilung über ihn konnte
daher sehr gut in einem Werke, wie das des Ion gewesen
zu sein scheint, Platz finden. Die angezweifelte Stelle aber
lautet (Laert. Diog. II, 7, Ion fr. 9 Müll.) Ἴων δὲ ὁ Χῖος καὶ
νέον ὄντα (sc. τὸν Σωκράτην) εἰς Σάμον σὺν Ἀρχελάῳ ἀποδη-
μῆσαί φησιν. Wenn man nun jene Stelle in Platons Kriton
im Zusammenhange liest, so zeigt sich, dass gar kein Widerspruch vorliegt. Sokrates führt dort, um Kritons Fluchtpläne
zurückzuweisen, das Vaterland redend ein und lässt es sagen,
er habe ja den Schutz seiner Gesetze genossen; wenn ihm
diese nicht zugesagt hätten, so habe es ihm freigestanden,
auszuwandern, die Stadt habe ihm aber so vortrefflich be-
hagt, dass er sie nur ganz ausnahmsweise verlassen habe, er
müsse sich also auch jetzt, wo sie ihm ungünstig seien, den
Gesetzen fügen. Es ist hier doch offenbar von dem Leben
des Sokrates als Mann und Bürger die Rede, ob der junge
Sokrates jemals auf einige Zeit die Stadt verlassen hat, kommt
gar nicht in Betracht. Es würde geradezu komisch klingen,
wenn er sich auf eine Reise berufen wollte, die er in den
Tagen seiner Jugend, welche so weit hinter ihm lagen, gemacht.

Freilich meint auch Zeller [56]), die Angabe des Platon
laute viel zu bestimmt, als dass man sie bloss auf das Mannesalter des Sokrates beschränken könne. Er denkt aber
nicht entfernt daran, das Werk des Ion desshalb für untergeschoben zu halten, stellt vielmehr selbst drei Möglichkeiten
zur Erklärung auf, allerdings auf Kosten des Laertius Diogenes. Ion habe vielleicht von dem Feldzuge gegen Samos
441 a. C. geredet, welchen Sokrates mitmachte (damals wäre
er etwa 28 Jahre alt gewesen), oder von einem andern Archelaos, oder endlich von einem Andern, als Sokrates. Damit
mag man es halten, wie man will, ich für meine Person sehe
keinen Grund, das Zeugniss des Ion zu verdächtigen. Für
die Unächtheit der Epidemien aber bietet die Stelle nur eine
äusserst geringfügige Handhabe, sie könnte erst in Betracht
kommen, wenn sonst erhebliche äussere oder innere Gründe
dafür sprächen. Zeller kommt es übrigens bloss darauf an,
die Behauptung, als sei Sokrates ein Schüler des Archelaos
gewesen, zurückzuweisen, und das — bemerkt er mit Recht —
lässt sich aus den Worten des Ion nicht folgern.

Ion kam jung nach Athen und scheint sich dort den
grössten Theil seines Lebens aufgehalten zu haben. Von
Zeit zu Zeit unternahm er jedoch Reisen in seine Heimath,
wo er Besitzungen hatte; dass er sich später ganz dahin zu-
rückgezogen habe, ist kein hinlänglicher Grund vorhanden,
anzunehmen, das Frag. 1 Müll. bei Athen. XIII, p. 603 E
reicht dazu nicht aus. Kurz vor Aufführung des aristopha-
nischen Friedens (419 a. C.) scheint er gestorben zu sein [57]).
Er war Freund und Gesellschafter des Kimon, welchen er
im Gegensatz zu Perikles feierte [58]), hätte also wahrscheinlich genug Gelegenheit gehabt, politische Ereignisse als Ein-
geweihter zu schildern; soviel wir aber beurtheilen können,
trugen seine Denkwürdigkeiten mehr den Charakter des
Anekdotenhaften an sich, obwohl sie viele Beiträge zur Charakteristik berühmter Männer lieferten.

---

[56]) Philosophie der Griechen II 2, p. 43 Note 1.
[57]) Schol. Aristoph. Pax 837.
[58]) Plut. Per. c. 5.

Plutarch hat ihn im Kimon drei Mal citirt (c. 5. c. 9.
c. 16). Das eine Mal lobt er Kimons äussere Erscheinung,
das andere Mal spricht er von seiner musischen Bildung und
erzählt einige hübsche Anekdoten von ihm, in der dritten
Stelle berichtet er, auf welche Weise Kimon die Athener über-
redet habe, den Spartiaten gegen die aufgestandenen Helo-
ten Hülfe zu leisten. Doch hat Plutarch den Ion gewiss
noch hier und da benutzt, wo er ihn nicht citirt. Namentlich hat Schneidewin [59]) darauf aufmerksam gemacht, wie Ion
die Quelle so mancher literarhistorischen Notiz sein dürfte,
und zieht namentlich auch die Nachricht von dem dramati-
schen Wettkampf des Aeschylos und Sophokles und des Ersteren Auswanderung nach Sicilien dahin (Plut. Cim. c. 8).
Ich bin geneigt, ihm beizustimmen; wissen wir doch von
einer relativ grossen Menge von Berichten über das Leben
der Tragiker, dass sie aus Ion geflossen sind, und hat er doch
namentlich auch von Aeschylos gehandelt. Bestätigt wird
diese Vermuthung noch dadurch, dass gleich darauf eine
Stelle aus Ion folgt. Vielleicht hat Plutarch auch noch die
Erzählung von der Uneigennützigkeit, welche Kimon dem
Perser Rhoesakes gegenüber bewies (Cim. c. 10), aus Ion geschöpft, obwohl ein Beweis nicht im Mindesten geführt werden und das Geschichtchen ebensogut aus Theopomp entnommen sein kann. Jedenfalls dürfte Ion in der Biographie des
Perikles häufiger zu Grunde liegen, als in der des Kimon.

Es fragt sich endlich noch, welchen Grad von Glaubwürdigkeit Plutarch dem Ion zugeschrieben habe. Ekker[60])
meint *verisimillimum habendum esse etiam Ionis de Cimone in
quem fortasse paullo benevolentior fuerit* (als gegen Perikles)
*narrationibus non nimium Plutarchum tribuisse nec temere illis
sed prudenter et cum iudicii acumine usum fuisse.* Es basirt das
auf der Stelle Plut. Per. c. 5: Ἀλλ᾽ Ἴωνα μὲν ὥςπερ τραγι-
κὴν διδασκαλίαν ἀξιοῦντα τὴν ἀρετὴν ἔχειν τι πάντως καὶ σατυ-
ρικὸν μέρος ἐῶμεν. Diese Worte beziehen sich aber nur auf
das Urtheil, welches Ion über das persönliche Benehmen des

---

[59]) Philologus VIII, p. 734 ff.
[60]) Plutarchi Cimon ed. A. Ekker p. 16.

Perikles gefällt hat, nicht im Mindesten auf Thatsachen; dass
Plutarch in Bezug auf diese dem Ion nicht getraut habe, ist
kein Grund vorhanden, anzunehmen.

Eine viel grössere Rolle, als Ion, spielt bei Plutarch
Stesimbrotos von Thasos. Er citirt ihn im Themistokles,
Kimon und Perikles ziemlich häufig und hat ihn wahrscheinlich noch an mancher Stelle benutzt, wo er ihn nicht namentlich genannt hat. Stesimbrotos war ein Sophist und beschäf-
tigte sich hauptsächlich mit der Erklärung des Homer, über
welchen er ein Buch schrieb, von dem uns, wie von seiner
Schrift περὶ τελετῶν verschiedene Fragmente erhalten sind.
Plutarch hatte ohne Zweifel das von Athenäos (XIII, p. 589 e)
angeführte Werk περὶ Θεμιστοκλέους καὶ Θουκυδίδου καὶ Περικλέους im Sinne. Stesimbrotos war ein Zeitgenosse des Kimon
und Perikles[61]) und brachte den grössten Theil seines Lebens
in Athen zu. Heuer[62]) vermuthet, er sei auf Kimons Veranlassung nach der Eroberung von Thasos mit Polygnot dorthin
ausgewandert. Ob das richtig ist, können wir dahin gestellt
sein lassen, bewiesen ist es keinenfalls; dagegen werden wir
Heuer wohl beistimmen können, wenn er sagt, er sei gewiss
nicht früher nach Attika gekommen, da der persische Krieg
das Meer zu unsicher machte[63]). Jedenfalls war er in der
Lage, in einem historischen oder memoirenartigen Werke allerlei interessante Mittheilungen zu machen.

Dem oben erwähnten Buche wird aber schon von Plutarch
wenig Vertrauen geschenkt[64]), und alle Neuern haben ihm
beigestimmt, wenn auch Otfried Müller das Buch trotz seiner
Fehler für „höchst schätzbar" erklärt[65]). Erst Heuer hat den
Versuch gemacht, Stesimbrotos vollkommen in Schutz zu neh-

---

[61]) Plut. Cim. c. 4. Athen. XIII, p. 589.
[62]) De Stesimbroto Thasio p. 6.
[63]) Ueber das Leben und die übrigen Schriften des Stesimbrotos
kann man vergleichen C. F. Hermann, De fontibus Plutarchi in vita
Periclis p. VIII f. Müller, Fragm. hist. Gr. II, p. 50. Sintenis in
seiner Ausgabe von Plutarchs Themistokles p. 157, sowie die Zusam-
menstellung von Heuer.
[64]) Plut. Them. c. 24. Per. c. 13.
[65]) Griechische Literaturgeschichte II. p. 18, Note 4.

men und seine Angaben durchgängig zu rechtfertigen. Ich
selbst dagegen bin zu dem Resultat gekommen, die Ansicht
des Anonymus in Zarnckes Centralblatt 1860 Sp. 620, dem
auch A. Schäfer in Jahns Jahrbüchern Band 91 pag. 630
beistimmt, für richtig zu halten, dass nämlich die Schrift untergeschoben ist und einen späteren Anekdotensammler zum
Verfasser hat. Zunächst ist schon die äussere Beglaubigung der Aechtheit
eine höchst ungenügende. Das Buch enthielt, wie die Fragmente lehren, gar manches Interessante, erzählte auch manche
Geschichte, die vortrefflich als Beispiel für einen Philosophen
oder Redner hätte dienen können, aber Niemand thut seiner
Erwähnung ausser Athenäos und Plutarch, Niemand vorher
weiss von seiner Existenz. Dass nicht etwa zufällig bloss
der Name des Stesimbrotos nicht genannt wird, erhellt daraus,
dass die in dem Werk berichteten Thatsachen nirgends anders
erwähnt werden, obwohl manche von ihnen sehr auffallend
sind und wohl Beachtung verdient hätten. Es wäre nun aber
doch äusserst auffallend, wenn ein so interessantes Buch so
viele Jahrhunderte hindurch ungelesen und unbenutzt geblie-
ben wäre, während die übrigen Schriften des Stesimbrotos,
welche nur für einen sehr beschränkten Kreis von Interesse
waren, von den Alexandrinern und ihren Nachfolgern doch
ziemlich häufig angeführt werden.
Die zwölf sicher beglaubigten Fragmente des Buchs be-
schäftigen sich mit Themistokles, Kimon und Perikles und es
lässt sich daraus schliessen, dass der Thukydides, welcher im
Titel figurirt, der Sohn des Milesias gewesen sei. Stesimbrotos scheint demnach das private und öffentliche Leben der
drei Volksführer Themistokles, Thukydides und Perikles erzählt zu haben, deren politische Wirksamkeit mit der des
Kimon so eng verflochten war, dass auch von diesem vielfach die Rede sein musste.
Die Schrift muss die Tendenz verfolgt haben, Perikles
herabzusetzen, da von diesem eine Menge der ärgerlichsten
Dinge in der Art des Aristophanes erzählt werden, während
Kimon offenbar als Vertreter der alten Vätersitte und der
Freundschaft mit Sparta gefeiert und jenem Neuerer und

Kriegsdemokraten gegenüber gestellt wird[66]). Wie Stesimbrotos den Themistokles beurtheilt habe, ist nicht recht klar;
ich kann mich wenigstens keineswegs überzeugen, dass die von
Plutarch (Them. c. 2) für unwahr erklärte Behauptung, Themistokles sei enterbt worden, aus Stesimbrotos geschöpft sei,
wie Sintenis zu der Stelle will; was er über Thukydides berichtet habe, können wir noch viel weniger wissen, obwohl
anzunehmen sein dürfte, dass er ihn gelobt habe, und man
vielleicht Anekdoten, wie sie Plut. Per. c. 8 erzählt werden,
dem Stesimbrotos zuschreiben kann.

Das ganze Buch aber verfolgt eine ausgesprochene und
bis auf die Spitze getriebene Parteitendenz, berichtet von
alten Philosophen und beschäftigt sich mit grossem Wohlbe-
hagen mit den ἀφροδίσια des Perikles, Alles Punkte, die vortrefflich zu der Annahme, es sei die Schrift eines späteren
Sophisten, passen[67]).

Die Fragmente selbst nun erzählen durchweg Falsches
oder Unglaubliches und zwar derart Falsches, dass unmöglich
ein Zeitgenosse solche Schnitzer gemacht haben kann.

Gleich das erste Fragment bei Müller enthält eine chro-
nologische Unmöglichkeit, wie schon Plutarch gesehen. Es
heisst nämlich: Στησίμβροτος Ἀναξαγόρου τε διακοῦσαι τὸν
Θεμιστοκλέα φησὶ καὶ περὶ Μέλισσον σπουδάσαι τὸν φυσικόν, οὐκ

---

[66]) Wenn Lukas, Versuch einer Charakteristik Kimons p. 8 behauptet, Stesimbrotos habe den Kimon verunglimpft, so lässt sich das
aus den beglaubigten Fragmenten nicht folgern; wenn er p. 25 aus
dem Zusammenhange schliesst, dass auch die Stelle Athen. XIII,
p. 598e und f aus Stesimbrotos geschöpft sei (Καὶ Κίμωνος δ᾿ Ἐλπινίκη τῇ ἀδελφῇ παρανόμως συνόντος εἶθ᾿ ὕστερον ἐκδοθείσης Καλ-
λίᾳ καὶ φυγαθέντος μισθὸν ἔλαβε τῆς καθόδου αὐτοῦ ὁ Περικλῆς τὸ
τῆς Ἐλπινίκης μιχθῆναι), so ist das möglich, aber nicht wahrscheinlich. Es kann sich diese Stelle nur auf die Zurückberufung des ostra-
kisirten Kimon beziehen, und wenn Perikles, wie doch Stesimbrotos
sagt, schon zur Zeit der Eroberung von Thasos der Elpinike zurief:·
„Γραῦς εἶ, γραῦς, ὦ Ἐλπινίκη, ὡς τηλικαῦτα διαπράττεσθαι πράγ-
ματα“, so konnte derselbe Schriftsteller schwerlich einige Jahre später den Perikles eine Bedingung stellen lassen, wie die von Athenäos
erwähnte.

[67]) Es wird genügen, in Bezug auf den letzteren Punkt auf Phi-
länis, Elephantis und Sotades hinzuweisen.

εὖ τῶν χρόνων ἁπτόμενος. Περικλεῖ γὰρ, ὃς πολὺ νεώτερος ἦν
Θεμιστοκλέους, Μέλισσος μὲν ἀντεστρατήγει πολιορκοῦντι Σαμίους,
Ἀναξαγόρας δὲ συνδιέτριβε. Den Einwand des Plutarch hat
Carl Müller zu widerlegen versucht. Anaxagoras, geboren
Ol. 70, 1 (500 a. C.), habe nach Laërtius Diogenes II, 7
Ol. 75, 1 (480 a. C.) zu Athen angefangen, zu lehren, Me-
lissos aber solle zwar nach Apollodor bei Laert. Diog. IX, 56
Ol. 84 (444—441 a. C.) geblüht haben, doch stamme diese
Angabe wohl nur daher, weil er zu jener Zeit Samos gegen
Perikles vertheidigte, was ein allgemein bekannter Umstand
war. Nehme man nun an, dass er damals schon ziemlich be-
jahrt gewesen sei, und bedenke man, dass er 40 Jahre hindurch gelehrt habe (σοφιστεῦσαι), so bleibe eine Möglichkeit,
dass Themistokles ihn gehört. Allein dieser Beweis ist ganz
und gar verunglückt. Dass Anaxagoras viel später angefangen habe zu lehren, ist von Zeller erwiesen[68]); der Verkehr
des Melissos mit Themistokles liesse sich zwar auf die ange-
gebene höchst gezwungene Weise chronologisch als möglich
nachweisen, doch wird man wohl richtiger mit Zeller a. a. O. I,
p. 436 Note 1 seine Strategie in sein Mannesalter setzen.
Würde man aber auch Müllers Rechnung annehmen, so wäre
Stesimbrotos doch noch lange nicht gerechtfertigt, denn Melissos soll ja der Lehrer des jungen Themistokles, nicht der
des Mannes und praktischen Politikers gewesen sein. Zudem
sagt Thukydides (I, 138) von Themistokles ganz ausdrücklich:
οἰκείᾳ γὰρ ξυνέσει καὶ οὔτε προμαθὼν ἐς αὐτὴν, οὐδὲν οὔτ᾽
ἐπιμαθὼν, τῶν τε παραχρῆμα δι᾽ ἐλαχίστης βουλῆς κράτιστος
γνώμων κ. τ. λ. Wenn auch die gewöhnliche Auslegung dieser Stelle, wie sie sich z. B. bei Classen findet[69]), falsch ist
und προμαθὼν und ἐπιμαθὼν ihre Beziehung im Satze selbst
finden, so kann man doch gewiss nicht der Ansicht Engers
beitreten, welcher erklärt[70]), „ohne vorher Kenntniss davon
.zu haben und ohne sich nachträglich zu informiren", traf er
in jedem Falle das Richtige. Das wäre ein merkwürdiger

---

[68]) Philosophie der Griechen. 2. Aufl. I, p. 666 Note.
[69]) „Zu οὔτε προμαθὼν — οὔτ᾽ ἐπιμαθὼν ist der Anfang seiner
öffentlichen Laufbahn als der angedeutete Grenzpunkt zu denken."
[70]) Neues Rheinisches Museum 1866 p. 634 ff.

Staatsmann, welcher über Dinge sein Urtheil abgäbe, von denen er Nichts versteht und über die er sich auch nicht erst besonders informirt hat. Es scheint mir vielmehr, dass die Bedeutung von ἐς αὐτήν bisher nicht richtig aufgefasst worden ist und dass in diesen Worten der „angedeutete Grenzpunkt" für das προμαθών und ἐπιμαθών zu suchen sein dürfte, so dass man den Satz folgendermassen zu verstehen habe; „denn durch eine ihm innewohnende Einsicht, während er weder etwas gelernt hatte, um zu ihr zu gelangen, noch, nachdem er sie besass, um sie zu verstärken u. s. w." Heuer[71]) stimmt Müller bei und meint u. a., dass Themistokles überhaupt höchst wahrscheinlich, „si non doctrinae at merae ostentationis causa", Philosophenschulen besucht habe; doch glauben wir nicht nöthig zu haben, auf sein halt- und beweisloses Gerede weiter einzugehen.

Uebrigens lässt es sich sehr gut erklären, wie ein Sophist auf die Idee kommen konnte, Melissos mit Themistokles zusammenzubringen, da ja beide insbesondere als Nauarchen berühmt waren; ob in Bezug auf Anaxagoras eine Verwechselung mit Perikles vorliegt, wage ich nicht zu entscheiden.

Plut. Them. c. 4 erzählt Stesimbrotos (das Fragment fehlt bei Müller), Miltiades habe dem Schiffbau, wie ihn Themistokles angerathen, entgegengewirkt. Auch diese Angabe will Heuer vertheidigen. Er argumentirt folgendermassen: *Etenim iam ante pugnam Marathoniam Themistocles Atheniensibus consilium dedit magnae classis aedificandae ad bellum cum Aeginetis gerendum (de his navibus cfr. Herod. VI, 89). Atque hac in re, ut mea quidem fert opinio, Miltiades instans Persici belli periculum veritus Themistocli maiora molienti haud dubie obstitit, cum ipse suam gloriam terrestribus copiis quaereret. Aut vero etiam paullo post Marathoniam pugnam ut Themistocles naves exstrui iuberet, Miltiades repugnaret fieri potuit. Quippe Themistocles gloriosa praesertim Persarum clade incitatus quemque Miltiadis tropaea dormire non sinebant, pro summo gloriae studio Atheniensibus illud consilium mox dederit sive ad Persas persequendos, sive omnino non periculum aversum sed Marathoniam victoriam initium*

---

[71]) A. a. O. p. 32.

maiorum procliorum esse ratus .... atque hoc consilium postea quidem effecit. Indessen ist das wieder eine Argumentation auf ganz beweislos gelassene Grundlagen hin. Die angezogene Stelle des Herodot scheint mir gar nichts zu der Sache zu beweisen. Anders steht es vielleicht mit der Stelle Thuk. I, 14, 3: Ὀψὲ δὲ ἀφ᾽ οὗ Ἀθηναίους Θεμιστοκλῆς ἔπεισεν, Αἰγινήταις πολεμοῦντας, καὶ ἅμα τοῦ βαρβάρου προςδοκίμου ὄντος τὰς ναῦς ποιήσασθαι, αἷσπερ καὶ ἐναυμάχησαν. Zu dieser Stelle bemerkt nämlich Classen: „Αἰγινήταις πολεμοῦντας. kann nur auf den c. 41, 2 erwähnten Αἰγινητῶν ὑπὲρ τὰ Μηδικὰ πόλεμον (Hdt. 6, 87 ff.) bezogen werden, und somit ist der Rath des Themistokles schon vor Marathon zu setzen: demnach wird τοῦ βαρβάρου προςδοκίμου ὄντος, sowohl, um des voraufgehenden πρὸ τῆς Ξέρξους στρατείας willen, als wegen des folgenden αἷσπερ καὶ ἐναυμάχησαν, von dem Zuge des Xerxes zu verstehen sein. Thukydides hat also im zweiten Theil des Satzes mehr die Ausführung des Entschlusses im Auge, welche erst zwischen Marathon und Salamis zu Stande kam." Dass an den Zug des Xerxes zu denken sei, unterliegt allerdings gar keinem Zweifel, gegen die Interpretation Classens aber möchte ich protestiren. Kein unbefangener Leser ist im Stande, aus Thukydides das herauszufinden, was Classen in ihn hineingetragen hat. Classen hat offenbar nicht gewusst, was er an dieser Stelle mit dem Aeginetenkriege anfangen sollte, da Herodot nur Einen Aeginetenkrieg erzählt und zwar vor der Expedition des Datis und Artaphernes. Böhme zu der Stelle des Thukydides hat die Schwierigkeit ebenfalls gefühlt und sich durch die Annahme zweier Fehden mit den Aegineten geholfen, da auch bei Hdt. VIII, 144 ein Krieg Athens mit dieser Insel zwischen den Schlachten von Marathon und Salamis angedeutet wird, und das ist jedenfalls einer so ganz willkürlichen Unterschiebung, wie die Classens, vorzuziehen. Wirklich gelöst scheint mir aber die Frage erst Ernst Curtius [72]) zu haben, indem er nur Einen Krieg statuirt, der jedoch lange Jahre hindurch fortgedauert habe und durch die Schlacht von Marathon auf kurze Zeit unterbrochen worden sei, den

---

[72]) Griechische Geschichte. 2. Aufl. II, p. 737.

aber Herodot in Einem Zuge vor der Schlacht bei Marathon
berichtet. In der That lassen sich die von demselben erzähl-
ten Ereignisse nicht in die kurze Zeit von der medischen
Gesandtschaft nach Aegina bis zur Landung der Perser in
Attika hineindrängen. Die Erklärung von Curtius hat alle
Schwierigkeiten gehoben. Für die Zeit vor 490 ist also kein
Platz mehr für den angeblich von Miltiades bekämpften Rath
des Themistokles; dass dieser den Antrag in der kurzen
Glanzperiode des Miltiades, von der marathonischen Schlacht
bis zu seiner Verurtheilung, gestellt haben sollte, ist gar kein
Grund vorhanden, anzunehmen, und wegen der Kürze der
Zeit auch höchst unwahrscheinlich, vielmehr hat Thukydides
offenbar an das berühmte Bergwerksgesetz gedacht. Wir haben also hier wieder eine ganz müssige Erfindung vor uns,
die zu dem Glauben Veranlassung geben könnte, als habe
Stesimbrotos in ähnlicher Weise dem Themistokles den Miltiades, wie dem Perikles den Kimon resp. Thukydides gegen-
übergestellt. Es war eine zur Zeit des Sinkens der römischen
Republik sehr verbreitete Ansicht, welche auch heute noch
ihre Vertreter findet, dass Anwachsen der Seemacht zur De-
moralisation der Bürger, zur Untergrabung aller Autorität und
damit zum Untergange des Staats führe. So preist auch
Cicero im Anfang der Bücher *de republica* Rom glücklich,
dass es nicht unmittelbar am Meere gelegen sei.

Das Frag. 2 Müll. erzählt, dass Themistokles nach seiner
Ostrakisirung nach Sicilien zum Tyrannen Hieron geflohen sei.
Ueber die Unwahrheit dieser Nachricht dem ganz abweichen-
den Bericht des Thukydides gegenüber herrscht kein Zweifel.
Indessen könnte immerhin Stesimbrotos dergleichen geschrieben haben, da im athenischen Volke die wunderbarsten Mähr-
chen über die Irrfahrten des grossen Staatsmannes umlaufen
mochten; es muss aber doch bedenklich machen, dass der
ganze Bericht eine sehr grosse Aehnlichkeit mit dem von
Themistokles' Flucht zum Grosskönige hat, so dass er diesem
nachgebildet zu sein scheint, wie schon Müller[73] bemerkte.

---

[73] Fragm. hist. Gr. II, p. 54.

Dass die Nachricht aus einer Komödie des Timokreon geschöpft sei, wie Müller will, scheint mir wenig stichhaltig.
Das Fragment 3 Müll. schildert uns die Persönlichkeit
Kimons, erzählt von seiner Hinneigung zu den Lakedämoniern
und seiner geistigen Verschiedenheit von den Attikern. Stesimbrotos will offenbar Kimon loben, wie aus den Worten
hervorgeht, mit denen bei Plut. Cim. c. 4 die Charakteristik
fortgesetzt wird

φαῦλον, ἄκομψον, τὰ μέγιστ' ἀγαθόν.

Diese Schilderung kann aber unmöglich von Stesimbrotos, dem Zeitgenossen des Kimon, herrühren; denn es heisst
darin, dass Kimon der Musik vollkommen unkundig gewesen
sei, während doch aus Ion von Chios bei Plut. Cim. c. 9 das
gerade Gegentheil hervorgeht. Den Grund zu jener merk-
würdigen Behauptung muss man in der Tendenz der ganzen
Schrift suchen; wollte Jemand recht oratorisch alle Gegen-
sätze auf die Spitze treiben, so konnte er leicht auch dies
schreiben. Fragment 5 Müll. bei Plut. Cim. c. 16 erzählt Stesimbrotos, Kimon habe von einer Frau aus Kleitor zwei Söhne
gehabt; Diodoros Periegetes widerspricht dem und sagt, alle
seine drei Söhne seien von Isodike geboren. Obwohl Diodoros keine sonderliche Autorität in solchen Dingen ist, so
muss der Widerspruch doch constatirt werden, da kein anderer Autor etwas die Angabe des Stesimbrotos Stützendes
vorbringt.

Fragment 7 Müll. theilt Stesimbrotos mit, Perikles sei auf
dem samischen Zuge, nachdem er eine Verstärkung aus Athen
erhalten, mit 60 Trieren gegen Kypros (ἐπὶ Κύπρον) gezogen.
Nach Thukydides (I, 116, 3), mit dem Diod. Sic. XII, 27
im Wesentlichen übereinstimmt, zog er gegen phönikische
Schiffe, die den Samiern zu Hülfe kommen wollten, nach
Kaunos und Karien. Heuer[74]) meint, es sei ziemlich derselbe Weg von Samos nach Karien und von Samos nach
Kypros, von einem Zuge nach Kypros selbst habe Stesimbrotos nicht reden wollen. Das scheint mir nach den Worten

---

[74]) A. a. O. p. 41.

des Plutarch äusserst zweifelhaft, dieser hat den Stesimbrotos jedenfalls anders verstanden; hätte er bloss im Allgemeinen die Richtung der Expedition angeben wollen, so hätte Plutarch seine Angabe kaum zu erwähnen und derjenigen der andern Schriftsteller entgegenzusetzen brauchen und schwerlich hätte er hinzugesetzt: ὅπερ οὐ δοκεῖ πιϑανὸν εἶναι. ὁποτέρῳ δ᾽ οὖν ἐχρήσατο τῶν λογισμῶν ἁμαρτεῖν ἔδοξε [75]). Frag. 8 Müll. bei Plut. Per. c. 8 theilt uns Stesimbrotos einen Satz aus der Leichenrede mit, welche Perikles auf die bei Samos Gefallenen hielt, und zwar einen Satz von ausserordentlicher Schönheit. Das steht aber mit der Annahme, dass Stesimbrotos jene Schrift fälschlich zugeschrieben wird, gar nicht in Widerspruch. Denn eines theils muss diese Rede des Perikles irgendwo aufgezeichnet gewesen sein, da uns Aristoteles [76]) aus ihr die Sentenz überliefert hat, der Staat, welchem der Krieg seine Jugend geraubt, gleiche dem Jahre, dem man den Frühling genommen; dann aber findet sich ganz derselbe Gedanke, wie bei Stesimbrotos, am Schlusse des Epitaphios des Lysias, nur nicht so schön und präcis ausgedrückt. Dass aber Lysias den Perikles nachgeahmt und seinen Ideen einen unvollkommenen Ausdruck verliehen habe, ist von einem so grossen und feinsinnigen Redner nicht zu erwarten; dazu lehrt die tägliche Erfahrung, dass, wenn auch Nachahmungen grösserer Werke sich selten zu dem Muster verhalten, wie das Epos des Ariost zu dem des Bojardo, doch solche allgemeine Sentenzen von den Späteren nicht verwässert, sondern schärfer und schroffer wiedergegeben zu werden pflegen. So hat man den Ausspruch Buffons *le style est de l'homme même* umgewandelt in *le style c'est l'homme*, so die Rede des Mohren in Schillers Fiesco „der Mohr hat seine Arbeit gethan, der Mohr kann gehn" in „der Mohr hat seine Schuldigkeit gethan, der Mohr kann gehn". Es kann also recht gut Jemand jenen Gedanken dem Lysias gestohlen, ihn zurecht gemacht und dem Perikles untergeschoben haben [77]).

---

[75]) Plut. Per. c. 26.

[76]) Rhet. III, 10.

[77]) Wir setzen beide Stellen zur Vergleichung hierher:
Stesimbr. bei Plut. Per. c. 8 (Περικλῆς) ἀϑανάτους ἔλεγε γεγο-

Die Fragmente 4, 9, 10, 11 Müll. endlich behandeln mehr
oder weniger Aphrodisia des Perikles und erzählen namentlich, dass er geschlechtlichen Umgang mit der Gattin seines
Sohnes Xanthippos gepflogen habe. Heuer will alles hier
Erzählte für wahr annehmen, indem Perikles *libidinibus nimium
indulsisse*, was er mit allerlei Stellen aus Athenäos belegt[78]).
Nun waren die moralischen Anschauungen der Griechen allerdings von denen der heutigen Nordeuropäer wesentlich verschieden, und Perikles persönlich hatte nichts weniger als
mönchische Neigungen; aber von einer Liebschaft mit der
Korintherin Chrysilla[79]) bis zu einem Eingriffe in den häus-
lichen Frieden einer Familie und noch dazu der Familie eines
Sohnes ist ein weiter Schritt. Würde uns auch nicht der
ganze erhabene Charakter des Perikles, soweit ihn uns die
trümmerhafte Ueberlieferung kennen lehrt, davon abhalten
müssen, sein Andenken mit einer solchen Beschuldigung zu
besudeln, so würde ihn schon seine Liebe zu Aspasia, die
einen so merkwürdig romantischen Anstrich hat in einem
Lande, wo der Begriff der „reinen Herzensminne" vollkom-

νέναι καθάπερ τοὺς θεούς· οὐ γὰρ ἐκείνους αὐτοὺς ὁρῶμεν, ἀλλὰ
ταῖς τιμαῖς, ἃς ἔχουσι καὶ τοῖς ἀγαθοῖς ἃ παρέχουσιν (so Bryan für
ἅπερ ἔχουσιν), ἀθανάτους εἶναι τεκμαιρόμεθα· ταῦτ' οὖν ὑπάρχει
καὶ τοῖς ὑπὲρ τῆς πατρίδος ἀποθανοῦσιν. Lysias Epitaph. p. 198 R.
Οἳ πενθοῦνται μὲν διὰ τὴν φύσιν ὡς θνητοί, ὑμνοῦνται δὲ ὡς ἀθά-
νατοι διὰ τὴν ἀρετήν. καὶ γάρ τοι θάπτονται δημοσίᾳ καὶ ἀγῶνες
τίθενται ἐπ' αὐτοῖς ῥώμης καὶ σοφίας καὶ πλούτου ὡς ἀξίους ὄντας
ἐν τῷ πολέμῳ τετελευτηκότας ταῖς αὐταῖς τιμαῖς καὶ τοὺς ἀθανάτους
τιμᾶσθαι. ἐγὼ μὲν οὖν αὐτοὺς καὶ μακαρίζω τοῦ θανάτου καὶ ζηλῶ,
καὶ μόνοις τούτοις ἀνθρώπων οἶμαι κρεῖττον εἶναι γενέσθαι, οἵτινες
ἐπειδὴ θνητῶν σωμάτων ἔτυχον ἀθάνατον μνήμην διὰ τὴν ἀρετὴν
αὐτῶν κατέλιπον.

[78]) Heuer a. a. O. p. 40.

[79]) Uebrigens scheint uns Welcker, Die griechischen Tragoedien
p. 941 auch diesen Vorwurf gegen Perikles· mit Recht zurückgewiesen
zu haben. Er wird vorgebracht von dem Komiker Telekleides bei
Athen. X, p. 436, „aber dieser spielte vielleicht bei diesem Namen
auf Gold an und machte dem grossen Staatsmann denselben Vorwurf,
wie andere Komiker, ohne es mit der andern Liebschaft ernstlich zu
meynen."

men unfassbar war, vor einem solchen Verbrechen bewahrt
haben. Heuer macht ihm freilich einen Vorwurf daraus, dass
er Aspasia täglich zwei Mal geküsst habe, und schiebt ihm in
die Schuhe, dass eine Menge öffentlicher Dirnen das athe-
nische Heer nach Samos begleitete. Es liegt mir ferne, ihn
in seinem Vergnügen an diesem Klatsch zu stören; ich muss
mich aber wundern, dass er nicht auch auf Aristophanes
Acharner 527 baut und uns erzählt, dass in dem Hause des
Perikles ein Bordell gewesen sei und dass es zwei liederliche
Frauenzimmer waren, welche die grösste Bewegung unter dem
hellenischen Volke hervorriefen.

Können wir also auch nicht durch positive Zeugnisse die
Unächtheit jener Fragmente darthun, so ist doch ihr Inhalt
ganz unwahrscheinlicher Art. Handhaben zur Erfindung der-
artiger Lügen und Verleumdungen boten unter Anderem die
attischen Komiker einem späteren Schriftsteller, wenn er überhaupt deren zu bedürfen glaubte, in Menge.

Wir haben also gesehen, dass die Aechtheit der historischen Schrift des Stesimbrotos schon äusserlich sehr mangel-
haft bezeugt ist; es ist ferner gezeigt worden, dass von den
zwölf erhaltenen Fragmenten drei so sehr mit der historischen
Wahrheit in Widerspruch stehen, dass ein Zeitgenosse sie unmöglich verfasst haben kann, zwei constatirte Unwahrheiten
berichten, eins eine bloss hier vorkommende Angabe enthält,
der ein anderer Schriftsteller widerspricht, und vier höchst
unwahrscheinliche Dinge vorbringen; dass dürfte hinlänglich
beweisen, dass wir es hier mit dem Machwerk eines späteren
Sophisten oder Rhetors zu thun haben. Da nun erst Athenäos und Plutarch des Buchs Erwähnung thun, so bin ich
sehr geneigt, nicht etwa einen Alexandriner der Fälschung
zu beschuldigen, sondern einen Autor des ersten Jahrhunderts
nach Christus dafür verantwortlich zu machen, das in mehr
als einer Beziehung dem Zeitalter der Ptolemäer glich und
in welchem namentlich eine Masse untergeschobener Schriften
fabrizirt wurde [50]). Cicero z. B. würde sich eine solche Fund-
grube von Beispielen für seine philosophischen Abhandlungen

---

[50]) Vgl. Luzac, Lectiones Atticae p. 151.

schwerlich haben entgehen lassen, wenn er eine Ahnung von
ihrer Existenz gehabt hätte.

Fragen wir nunmehr, in wie weit Plutarch im Kimon von
Stesimbrotos Gebrauch gemacht hat, so glaube ich nicht, dass
es irgendwo geschehen sei, ausser an den Stellen, wo er ausdrücklich genannt wird. Insbesondere dürften die Berichte
über das Jugendleben des Kimon und sein Verhältniss zu
Elpinike durchaus keine Veranlassung zu einer solchen Vermuthung geben. Doch will ich nicht läugnen, dass noch die
eine oder die andere Notiz aus ihm entnommen sein kann;
ein auch nur annähernder Beweis für eine bestimmte Stelle
dürfte sich jedoch kaum führen lassen. Dass Plutarch, wenn
er auch die Unächtheit der Schrift nicht ahnte, doch recht
gut wusste, dass er es mit einem äusserst unglaubwürdigen,
tendenziösen und scandalsüchtigen Autor zu thun hatte, und
ihn desshalb nur mit grosser Vorsicht benutzte, haben wir
schon erwähnt.

Nachdem wir somit den Kreis der eigentlichen Quellen
Plutarchs erschöpft, liegt uns noch ob, von denjenigen Autoren zu reden, welchen er nur einzelne Notizen, Sentenzen
u. dgl. verdankt. Es dürfte zweckmässig erscheinen, zuerst
über die Schriftsteller ein paar Worte zu sagen, welche nicht
namentlich angeführt werden.

Von diesen tritt uns zunächst Polemon entgegen, aus
dessen Atthis die Nachricht über Thukydides (c. 4) entnommen zu sein scheint. Es heisst nämlich:

Polemon fr. 4 Müll. bei Marcellin.	Plut. Cim. c. 4.
Vita Thuk. § 16 p. 189 West.	Διὸ καὶ Θουκυδίδης ὁ
*Ὅτι γὰρ *Ὅλορός ἐστιν (sc. ὁ πα-	ἱστορικὸς τοῖς περὶ Κίμωνα
τὴρ τοῦ Θουκυδίδου) ἡ στήλη δηλοῖ ἡ	κατὰ γένος προσήκων Ὀλό-
ἐπὶ τοῦ τάφου αὐτοῦ κειμένη, ἔνθα	ρου τε πατρὸς ἦν εἰς τὸν πρό-
κεχάρακται· Θουκυδίδης Ὀλόρου Ἁλι-	γονον ἀναφέροντος τὴν ὁμω-
μούσιος. πρὸς γὰρ ταῖς Μελιτίσι πύλαις	νυμίαν. ... μνῆμα δ᾽ αὐτοῦ
καλουμέναις ἐστὶν ἐν Κοίλῃ τὰ καλού-	τῶν λειψάνων εἰς τὴν Ἀτ-
μενα Κιμώνια μνήματα, ἔνθα δείκνυ-	τικὴν κομισθέντων ἐν τοῖς
ται Ἡροδότου καὶ Θουκυδίδου τάφος.	Κιμωνείοις δείκνυται παρὰ
Εὑρίσκεται δῆλον ὅτι τοῦ Μιλτιάδου	τὸν Ἐλπινίκης τῆς Κίμω-
γένους ὄντες· ξένος γὰρ οὐδεὶς ἐκεῖ	νος ἀδελφῆς τάφον. Ἀλλὰ

θάπτεται. καὶ Πολέμων δ᾽ ἐν τῷ περὶ Θουκυδίδης μὲν ᾽Αλιμού-
ἀκροπόλεως τούτοις μαρτυρεῖ, ἔνθα σιος γέγονε τῶν δήμων, οἱ
καὶ [Τιμό]θεο[ν] υἱὸν αὐτῷ γεγενῆ- δὲ περὶ τὸν Μιλτιάδην
σθαι προσιστορεῖ. | Λακιάδαι.

Zu dem Fragment des Polemon bemerkt Preller[81]): *De
Polemone dubium est quid testatus sit praeter id quod Timotheum
Thucydidis f. nominaverat. Credo eum de sepulcris Cimoniis de-
que inscriptione illa sepulcrali auctorem ceteris fuisse. De quibus
eadem opportunitate ab eo disputatum esse iudico, qua Thucydidis meminit Pausanias I, 23, 11:* Οἰνοβίῳ δὲ ἔργον ἐστὶν ἐς
Θουκυδίδην τὸν ᾽Ολόρου χρηστόν. *Ostendebatur enim in arce
statua Oenobii, epigrammate ut opinor ornata, quo Thucydidem
per hunc Oenobium ex exsilio reducem factum esse spectantibus
narrabatur.* Wenn man Preller im Uebrigen Recht geben
muss, so glaube ich doch nicht, dass der von ihm ausgesprochene Zweifel gerechtfertigt ist; es scheint denn doch Polemon die Quelle des ganzen Fragments zu sein.

Mit diesem stimmt nun Plutarch ganz auffällig überein.
Dass er hier nicht auf Archelaos und Melanthios fusst, die er
kurz vorher citirt hat, zeigt der ganze Zusammenhang, die
Abweichungen von Markellinos aber, indem er bald mehr, bald
weniger gibt, erklären sich einfach aus der Subjectivität der
beiden Autoren, da jeder von ihnen auswählte, was ihm
gerade passte, so dass wir nicht anstehen können, diese Nachricht des Plutarch dem Polemon zuzurechnen, den ja Plutarch
auch sonst benutzt hat.

Aus einer Atthis scheint ferner der Bericht von der
Ueberführung der Gebeine des Theseus von Skyros nach
Athen (c. 8) geflossen zu sein und zwar darf man hier, wie
ich glaube, vielleicht an Hellanikos denken, den ja auch
Thukydides in seiner berühmten ἐκβολὴ τοῦ λόγου erwähnt,
zwar nicht eben lobend, aber doch so, dass er ihn als seinen
besten Vorgänger in der Darstellung dieses Zeitraums anführt.
Ekker läugnet freilich ganz entschieden, dass Hellanikos von
Plutarch benutzt worden sei, und zwar soll den Letzteren dazu
hauptsächlich das ungünstige Urtheil des Thukydides bestimmt

---

[81]) Polemonis fragmenta p. 39.

4

haben[82]). Trotzdem aber und ungeachtet der noch viel schär-
feren Kritik des Theopomp[83]) hat ihn Plutarch in seinen
späteren Werken, namentlich im Theseus, öfter benutzt[84]),
sich also durchaus nicht principiell enthalten, von ihm Gebrauch zu machen, obwohl auch die halbmythische Zeit von
Hellanikos furchtbar misshandelt wurde[85]). Hellanikos nun
hat, wie sich von selbst versteht, mit grosser Ausführlichkeit
von Theseus gehandelt und an seine Geschichte ebensoviel
Scharfsinn, als Gelehrsamkeit verschwendet[86]), er war Zeitgenosse der feierlichen Ueberführung seiner Gebeine nach
Athen, und da Plutarch ihn im Theseus vielfach benutzt hat
und auch dieses Ereigniss dort geradeso erzählt, wie im Kimon, sich auch auf diese Biographie ausdrücklich beruft[87]), so
dürfte die Vermuthung wohl nicht ganz ungegründet sein,
dass er auch hier dem Hellanikos gefolgt sei.

Indessen müssen wir uns hier mit einem zweifelhaften
Ergebnisse begnügen, es bleibt sogar möglich, dass Theopomp
die Autorität für die ganze Stelle ist, ganz offenbar dagegen
scheint mir die Benutzung des Nymphis von Herakleia
durch Plutarch. Nymphis, ein reicher und angesehener Bürger des pontischen Herakleia, verfasste ausser einer Geschichte
Alexanders und der Diadochen in 24 Büchern und eines
περίπλους Ἀσίας eine Geschichte seiner Vaterstadt in 13 Büchern. In der letzteren Schrift handelte er auch von Pausanias und seinem Benehmen in Byzanz, wie das ziemlich
lange Fragment 15 Müll. bei Athenäos XII, p. 536A lehrt.
Es scheint mir daher der Schluss wohl gerechtfertigt, dass
Plutarch die Erzählung von dem tragischen Ende der Kleonike

---

82) Plutarchi Cimon ed. A. Ekker p. 7.
83) Bei Strabo p. 43 Cas.
84) Cf. Heeren, De font. Plut. p. 16.
85) Vgl. Dahlmann, Herodot p. 125 f.
86) Hellan. fr. 73—76 Müll. — Fr. 73 (bei Plut. Thes. c. 17) gibt
er correctere Nachrichten über Einzelumstände bei dem von den
Athenern an Minos geleisteten Tribut; fr. 74 (bei Tzetz. ad Lycoph.
513) rechnet er aus, wie alt Theseus gewesen, als er die Helena geraubt.
87) Plut. Thes. c. 36.

aus diesem Werke entnommen, denn wie sollte Nymphis dazu kommen, des Pausanias so weitläufig Erwähnung zu thun, wenn nicht deshalb, weil er vor dem Gespenst der ermordeten Jungfrau eben zum Orakel von Herakleia geflohen war")? Diese Geschichte kann aus keinem sehr gelesenen Autor entlehnt sein, da Pausanias (III, 17, 8) sie ebenfalls erwähnt und hinzufügt ἃ ἤκουσα ἀνδρὸς Βυζαντίου. Dass Plutarch den Nymphis und speziell seine Geschichte Herakleias gekannt habe, zeigt das Citat bei Plut. de virt. mul. c. 9 p. 248 C.

Endlich möchte ich noch die Vermuthung wagen, dass uns im Kimon eine Notiz aus Juba von Mauretanien erhalten ist. Cim. c. 4 erzählt nämlich Plutarch, dass Polygnot die στοὰ ποικίλη unentgeltlich mit Gemälden geschmückt habe, und citirt αἵ τε συγγραφεῖς .. καὶ Μελάνθιος ὁ ποιητής. Nun heisst es bei Harpokration v. Πολύγνωτος: Περὶ Πολυγνώτου τοῦ ζωγράφου ... τεχόντας δὲ τὰς Ἀθηναίων πολιτείας, ἤτοι ἐπεὶ τὴν ποικίλην στοὰν ἔγραψε προῖκα ἢ ὡς ἕτεροι τὰς ἐν τῷ θησαυρῷ καὶ ἀνακείω γραφὰς. ἱστορήκασιν ἄλλοι τε καὶ Ἀρτέμων ἐν τῷ περὶ ζωγράφων καὶ Ἰόβας ἐν ταῖς περὶ γραφικῆς. Wahrscheinlich hat also Plutarch einen von beiden benutzt und ihm sowohl die Notiz über die ποικίλη, als die über das Liebesverhältniss zwischen Polygnot und Elpinike entlehnt, wenn wir für den letzteren Punkt nicht vielleicht Stesimbrotos als Quelle annehmen wollen. Wer aber der hier erwähnte Artemon gewesen, ist ganz unbekannt. Carl Müller") vermuthet, es sei an den Maler Artemon zu denken, welcher bei Plinius (N. H. XXXV, 11, 40) vorkommt und den Otfried Müller") um die 130. Olympiade setzt. Wie es sich damit verhält, können wir dahin gestellt sein lassen. Es liegt kein Grund zu der Annahme vor, dass Plutarch irgendwo einen Artemon, sei es den Klazomenier, sei es den Pergamener, sei es den Kassandreer benutzt habe, während er Juba sehr häufig citirt und

---

") Dass hier an das pontische Herakleia zu denken ist, hat schon Vischer, Kimon p. 44 gegen Ekker erwiesen.

") Frag. hist. Gr. IV, p. 344.

"). Archäologie der Kunst §. 163, 1.

zwar nicht bloss die ὁμοιότητες, wofür Beispiele beizubringen
unnöthig ist, sondern auch seine sonstigen Schriften (z. B. De
sollert. an. c. 17 p. 972. ibid. c. 25 p. 978 E).

Von den übrigen Schriftstellern, die im Kimon citirt
werden, ist wenig zu sagen. Es findet sich eine vereinzelte
Notiz aus Aristoteles (c. 10), welche man den Fragmenten
über die Staatsverfassung der Athener eingereiht hat, und
aus der wir ersehen, dass Kimon nur für alle Lakiaden freie
Tafel hielt, nicht, wie Theopomp berichtete, für alle Bürger
(und Fremden?). Cicero[91]) erzählt dasselbe, gibt jedoch
Theophrast als seinen Gewährsmann an. Wir können
nicht mehr nachkommen, ob bei Cicero oder Plutarch ein Ge-
dächtnissfehler vorliegt, oder ob Theophrast gelegentlich die
Bemerkung seines Lehrers wiederholte, doch scheint mir das
Letztere wahrscheinlicher.

Ferner wird (c. 4) Panätios als Gewährsmann dafür
angegeben, dass gewisse Elegien, welche in diesem Kapitel
benutzt worden sind, von dem Philosophen (φυσικός) Archelaos verfasst seien, eine Ansicht, welche von Zeller[92]), freilich ohne Angabe von Gründen, verworfen wird. Wahrscheinlich nimmt Plutarch auf des Panätios Schrift περὶ παρηγορίας
Bezug, da jene Elegien Kimon über den Tod seiner Gattin
Isodike trösten sollten, und es scheint, als ob unser Geschichtschreiber sie nur aus dem Werke des Panätios gekannt habe[93]).
Benutzt sind sie nur für die Genealogie des Kimon und um
seine Liebe zu Isodike zu beweisen.

Stellen aus Dichtern finden sich überhaupt im Vergleich
mit der Biographie des Perikles selten im Kimon. Von dem
Citat aus Aristophanes und dem Irrthum, zu welchem es
Plutarch verleitete, haben wir schon geredet; ausserdem wer-
den von Komikern nur Kratinos und Eupolis, jeder ein
Mal, angeführt; die Stelle des Kratinos (c. 10) ist nach
Plutarchs eigener Angabe aus den Ἀρχίλοχοι, die des Eupolis
(c. 15) aus den Πόλεις, wie die Scholien zu Aristides (III,

---

[91]) De officiis II, 18, 64.
[92]) Philosophie der Griechen. 2. Aufl. I, p. 666.
[93]) Ekker a. a. O. p. 23.

p. 515 Dind.) darthun. Von Elegikern sind noch Melanthios und Kritias benutzt, wohl sicher, wie Archelaos, aus zweiter Hand. Der Erstere, eigentlich tragischer Dichter, verfasste u. a. auch ein Lobgedicht auf Kimon, aus welchem Plutarch (c. 4) allerlei Angaben über die Vorfahren und die persönlichen Verhältnisse des Kimon entlehnte. Ausser dem von Plutarch mitgetheilten Distichon ist kein Bruchstück des Melanthios erhalten. Kritias wird zwei Mal angeführt (c. 10. 16); er spricht an diesen Stellen sein Urtheil über Kimon und seine Politik aus. Ohne Zweifel sind die Citate aus den Politien. Dass das Haupt der Dreissig und der elegische Dichter ein und dieselbe Person seien, hat Westermann zu Vossius de hist. Gr. p. 422 gegen Vossius und Schweighäuser[94]) erwiesen.

Erwähnt werden endlich noch Gorgias (c. 10), Diodoros Periegetes (c. 16) und Nausikrates (c. 19). Der Letztere hatte berichtet, dass auch die Kittier ein Grabmal des Kimon aufwiesen, und da er, wie sein Lehrer Isokrates, auch Epitaphien verfasste, so hat Ruhnken[95]) vermuthet, dass hier an eine Leichenrede auf Kimon zu denken sei. Ob dem so ist, können wir um so mehr dahingestellt sein lassen, als Plutarch wahrscheinlich die Schrift nicht selbst gesehen hat.

Zum Schluss dürfte es zweckmässig erscheinen, sämmtliche Quellen, soweit sie ermittelt werden konnten, zusammenzustellen. Wir citiren dabei nach den Zeilen der Textausgabe von Sintenis (1864). Es wird sich daraus ergeben, dass c. 1—3 dem Plutarch angehören, c. 4, die Jugendgeschichte des Kimon, aus verschiedenen Schriftstellern zusammengesetzt ist, die übrige Biographie auf Theopomp beruht mit einzelnen Einschiebungen aus andern Schriftstellern und zwar hat Plutarch dort, wo ihm Theopomp etwas Wesentliches ausgelassen zu haben schien, in der Regel mehrere andere Autoren zu Rathe gezogen. Möglich ist freilich, dass er eine Anzahl Citate aus Theopomp selbst entlehnte, einen Beweis dafür zu führen ist jedoch völlig unmöglich.

---

[94]) Animadversiones in Athenaeum IX, p. 84.
[95]) Ruhnken, Historia critica oratorum Graecorum p. LXXXIII f.

c. 4. Zeile 31— 2 Melanthios und Archelaos (Panätios).

                                          [S. 52. 53.

      ,,   2—11 Polemon. S. 48.

      ,,   11—19 Theopomp. S. 20.

      ,,   19—25 Stesimbrotos. S. 44.

      ,,   28—29 Theopomp. S. 21.

      ,,   29— 8 Juba? Melanthios. S. 51. 53.

      ,,   9—15 Theopomp. S. 21.

      ,,   17—20 Melanthios. S. 53.

      ,,   20—27 Archelaos (Panätios). S. 53.

c. 5. ,,   27—13 Theopomp. S. 14.

      ,,   13—15 Ion.

      ,,   15—26 Theopomp. S. 14.

c. 6. ,,   27—12 Theopomp. S. 2. 23.

      ,,   12— 2 Nymphis. S. 50.

c. 7. ,,   3—18 Theopomp. S. 14.

      ,,   18— 4 Aeschines? } S. 26.

c. 8. ,,   5— 8 Aeschines? }

      ,,   18—32 Theopomp. S. 15.

      ,,   32—11 Hellanikos? Theopomp? S. 49.

      ,,   12—25 Ion. S. 36.

c. 9. ,,   26—22 Ion. S. 36.

c. 10. ,,   23—31 Theopomp. S. 11.

      ,,   31—33 Aristoteles. S. 52.

    ,,   33— 8 Theopomp. S. 11.

      ,,   8—15 Kratinos. S. 52.

      ,,   16—18 Gorgias. S. 53.

      ,,   18—21 Kritias. S. 53.

      ,,   22—14 Theopomp. S. 23.

      ,,   14—24 Ion? Theopomp? S. 36.

c. 11.   Theopomp. S. 15.

c. 12. Zeile 16—10 Theopomp. S. 16.

      ,,   10—13 Ephoros und Kallisthenes. S. 8. 27.

      ,,   13—20 Theopomp. S. 16.

      ,,   20—21 Ephoros und Phanodemos. S. 7. 28.

      ,,   21—30 Theopomp. S. 15.

c. 13. ,,   31—21 Theopomp. S. 15.

      ,,   21—25 Krateros? S. 26.